股权顶层设计

从科学分股到融资退出

杨军 韩琳/著

中华工商联合出版社

图书在版编目（CIP）数据

股权顶层设计：从科学分股到融资退出 / 杨军，韩琳著. -- 北京：中华工商联合出版社，2023.9
ISBN 978-7-5158-3740-6

Ⅰ.①股… Ⅱ.①杨…②韩… Ⅲ.①企业管理–股权管理 Ⅳ.①F272

中国国家版本馆CIP数据核字（2023）第179395号

股权顶层设计：从科学分股到融资退出

作　　者：	杨　军　韩　琳
出 品 人：	刘　刚
责任编辑：	于建廷　效慧辉
装帧设计：	周　源
责任审读：	傅德华
责任印制：	陈德松
出版发行：	中华工商联合出版社有限责任公司
印　　刷：	三河市宏盛印务有限公司
版　　次：	2024年1月第1版
印　　次：	2024年1月第1次印刷
开　　本：	710mm×1000mm　1/16
字　　数：	180千字
印　　张：	13.5
书　　号：	ISBN 978-7-5158-3740-6
定　　价：	78.00元

服务热线：010-58301130-0（前台）
销售热线：010-58301132（发行部）
　　　　　010-58302977（网络部）
　　　　　010-58302837（馆配部）
　　　　　010-58302813（团购部）

工商联版图书
版权所有　侵权必究

地址邮编：北京市西城区西环广场A座
　　　　　19-20层，100044
http://www.chgslcbs.cn

凡本社图书出现印装质量问题，请与印务部联系。

投稿热线：010-58302907（总编室）
投稿邮箱：1621239583@qq.com

联系电话：010-58302915

目录

导　读　学好股权基本功，资本运作路好走　001

第一章　合伙人制度：构建同呼吸、共命运的价值共同体

第一节　股权观念　003
一、中国企业家缺乏股权意识　004
二、未来组织的发展变化　005
三、科学分股的三个特征和前提　006
四、如何践行正确的股权观念？　008

第二节　合伙创业　011
一、合伙人的概念　012
二、哪些公司适合推行合伙制？　013
三、怎样对合伙人进行分类？　015

第三节　科学分股　017
一、科学分股要考虑的三大因素　018
二、如何对资金股、人力股进行科学分配？　020
三、科学分股落地工作流程　022

第四节　合伙考核　025
一、如何对合伙人进行考核？　025
二、合伙人动态考核怎么做？　027

第二章　股权思维：让创业者基业长青的法则

第一节　股权比例　033
一、股权比例一般如何划分？　034
二、怎样破解股权平分的困局？　035

第二节　内部创业　037
一、集团公司如何开展内部创业？　038
二、公司内部创业如何规划？　039

第三节　风险隔离　042
一、公司股权如何做好风险隔离？　042
二、公司控股系统如何做好风险隔离？　045

第三章　股权架构设计：公司规范治理之道

第一节　顶层设计　051
一、股权顶层架构如何设计？　052
二、三类不同的公司如何设计股权？　053
三、如何优化公司的股权设计？　055

第二节　股东出资　057
一、如何防范股东出资不到位？　057
二、对出资不到位的股东如何限制他的权利？　059
三、股东出资后如何确认股东资格？　060

第三节　公司治理　063
一、如何设计好公司治理架构？　064
二、如何正确召开股东大会？　065
三、如何充分利用好董事会？　066

第四节　机构设置　　068
　　一、设立子公司还是分公司？　　068
　　二、如何保持不同主体的独立性？　　069

第五章　股权分配：破解中国式合伙的败局

第一节　动态股权　　073
　　一、有了这十点，就是好的股权分配机制　　073
　　二、动态股权分配的行权价格如何定？　　076
　　三、如何设定贡献点、贡献值和里程碑？　　077
　　四、贡献值如何兑现？　　085

第二节　股权分配　　088
　　一、合伙人股权分配有什么目的和价值？　　088
　　二、合伙人股权分配的十大陷阱　　090
　　三、股权分配的实用技巧　　092

第三节　夫妻创业　　094
　　一、投资公司如何规避夫妻创业项目的风险？　　094
　　二、夫妻如何合法转移财产或股权？　　096
　　三、夫妻合伙人离婚后股权如何划分？　　097

第六章　控制权之战：科学分股控权的大布局

第一节　控制模式　　103
　　一、控制企业表现在哪几个方面？　　103
　　二、大股东如何强化自己的控制权？　　105
　　三、控股权等于控制权吗？　　106
　　四、如何做好新经济企业的公司治理设计？　　107

第二节　股东权利　110

一、如何设计创始人的"特别否决权"？　110

二、如何设计董事会的"一票否决权"？　111

三、如何设计增资中的优先权？　112

四、如何设计股东的约定审计权？　113

五、如何行使股东的撤销权？　114

六、如何行使股东的知情委托权？　116

第三节　股东利益　117

一、公司如何设计好分红？　118

二、小股东如何确保自身的利益？　119

三、小股东如何保护自己的异议股东回购权？　120

四、小股东如何预防大股东恶意增资？　121

第四节　股权代持　123

一、股权代持有什么作用？　123

二、隐名股东如何证明自己的股东地位？　124

3.怎样正确做好股权代持？　125

第七章　股权融资：读懂投资语言，让融资快三倍

第一节　融资必备　131

一、股权融资、债权融资和项目融资的区别　132

二、选择股权融资还是债权融资？　133

三、股权转让签订者要防止"阴阳合同"　134

第二节　融资风险　136

一、股权融资风险及防范对策　136

二、如何防范"一股二卖"？　138

三、公司做两套账的风险　139

四、小心这些股权融资的陷阱　　140

第八章　退出机制：把握当下，放眼未来

第一节　退出机制　147
一、创业公司如何设定股权退出机制？　　147
二、股东都出钱又出力，退出公司股权怎么处理？　　150
三、分红退出机制如何设定？　　152

第二节　回购股权　155
一、离职合伙人的股权是否要回购？　　156
二、如何设置好股权回购条款？　　157
三、股权回购价格如何约定？　　158

第三节　股权转让　160
一、股权转让和增资扩股的区别　　160
二、如何签好股权转让协议？　　161
三、如何防范"零作价"转让股权的风险？　　163
四、控股公司和股份公司股权转让时的技巧　　164

第四节　股权清算　168
一、五步做好股权清算　　168
二、公司还盈利，法院就不判解散吗？　　169

第九章　激励操盘：分股合心的科学，股动人心的艺术

第一节　激励模式　173
一、设计股权激励模式时如何做好选择？　　174
二、不同股权激励模式的优缺点分析　　179
三、不同阶段、不同团队如何做股权激励？　　184

第二节　激励平台　187

一、如何选择股权激励平台？　187

二、影响股权激励落地的因素　189

三、不同类型公司股权激励的关键节点有哪些？　192

四、股权激励考核有哪些方法？　194

第三节　激励误区　197

一、股权激励常见有哪些误区和对策？　197

二、定股权激励对象时有哪些误区？　199

参考文献　201

后　记　203

导 读

学好股权基本功，资本运作路好走

作者之前出版了《股权合伙控制终极解答》、《股权72变：从动态股权思维到IPO上市》，获得了全国读者们的喜爱，在读者和编辑的鼓励与支持下，杨军、韩琳又合著了股权系列图书之《股权顶层设计：从科学分股到融资退出》。

前两本书重点讲了合伙控制和动态股权思维，但创业是漫漫长路，路上每一步都很艰难。其中，一个核心问题总是如影随行，那就是股权。从筹划创业、找合伙人、分配股权、找投资人融资、团队激励到退出，就像搭建一座资本的"城堡"，而股权就是这座城堡的基石。对于股权的顶层设计与规划，除了考验我们的股权思维能力和股权设计水平外，更需要我们有股权整体规划的战略思想和落地实施的战术方法。

本书以股权顶层设计为总线，共列出八大章，涵盖了合伙人制度、股权思维、顶层设计、股权分配、控制权、股权融资、退出机制和股权激励等内容。

本书行文风格注重理论与实践相结合，从小案例、全剖析到做小结，给予读者干货总结式的内容，真正能快速消化书中的知识，深入浅出，通俗易懂，对照自己经常碰到的股权问题，都能一一迎刃而解。

本书的读者定位为创业者、企业家、财务顾问、股权咨询师、律师、投资人、创业导师、企业管理咨询顾问，对创业、股权融资感兴趣的读者也可以获得很好的价值回馈。

  感谢参考文献列出的作者和提出问题的创业者，给我们无穷的素材与营养，愿与各位读者共勉！

作者
于粤港澳大湾区
2023年8月

第一章

合伙人制度：构建同呼吸、共命运的价值共同体

第一节　股权观念

【小案例】

三月份我到湖南株洲一个园区做投融资分享会，会上有一位企业家说他的公司是为中车做配套服务的，规模现在是1.2亿元，公司前几年刚创业时为了吸引人才，直接赠送一个做销售的小伙子20%的股权，当时公司起付不了有竞争力的工资，看到小伙子干劲十足，直接到工商局就变更了股权。现在公司发展了，发现小伙子有点居功自傲，想让小伙子退出公司，现在小伙子说可以，只要给他2400万元就行，这位企业家有点后悔了，觉得当初这20%最多值几万元，没想到现在他要价这么高！

可能读者会说，这位企业家没有大格局，不懂得分钱，每个创业的合作伙伴在不同的发展阶段起到的作用是不一样的。如果当初创始人跟做销售的小伙子签订动态股权分配的协议，比如说五年兑现，每年达到里程碑就兑现4%，那可能在第一年或第二年发现不对时，就可以不用兑现后面的股权比例了。

【全剖析】

作者在多年的股权咨询实战中，很少碰到企业家没注册公司前就想到规划股权。绝大多数中小企业家常常是开公司一年甚至数年之后，出现了分红不均、产生矛盾，才想到当初股权设计太草率，或者说压根没想到股权这件事，所以很多企业家都缺乏股权意识，产生股权纠纷就不足为奇了。

一、中国企业家缺乏股权意识

中小企业家经常有股权方面的纷争，普遍缺少股权意识，他们在公司成立开始，就没有认识到股权问题会带来的潜在风险和巨大纠纷。主要表现在以下这些方面。

第一，股权分配比较随意，讲人情、亲情，酒桌上一句话就把股权比例分配完了，总以为自己是老板，不合适还可以随便改回来，真到分配利益的时候，却引发了巨大的麻烦，诉诸法律却无济于事，后悔不已。

第二，轻易许诺，比如企业急需引进高端人才，就随口答应分给对方多少股权，缺乏统一思考、统筹安排和长远规划，随着引进人才数量的增加和融资的推进，最终导致股权比例失衡，自己却失去了企业的控制权。

第三，合伙创业、股权转让时很少签订书面协议，一旦发生股权变动后，缺少对应的协议和约束，导致后续无法收场。虽然签了股权转让协议，但是转让协议很不规范、漏洞百出，由于条款不规范，协议的有效性、公平对等性难以保障，最终导致很难通过法律途径去维权。

第四，找家人、同事、朋友来代持股权的现象比较多，而且很多时候没有签正规的代持协议，发生利益冲突的时候，就会引发纠纷、缺少保障。

第五，融资很急迫时，接受了投资机构的"明股实债"方案，企业出现还款困难时，股权也难以追回，导致公司失控。

第六，为了形象面子，组建很多业务类型的公司，成立所谓的"集团公司"，实际上大多数都是空壳公司，实际业务极少，对不同公司之间的股权关系又缺乏统一的规划和设计，导致后续带来很多问题，甚至影响IPO上市。

各位企业家们，你们可以自己对照一下，是否也存在上面列出的这些问题，即使暂时还没有产生麻烦，后续一旦有问题，你想到应对之策了吗？

企业发展一定要顺应时代的变化，尤其是对组织要做到动态化设计。

二、未来组织的发展变化

作为企业的领航人，一定要了解未来组织的发展趋势，公司是人力、资本、资源汇聚的组织，未来组织的发展将会有两个方向：一是在公司制下打造合伙制特点，二是在合伙制下打造公司制特点，由传统组织形式向合伙型组织转化，在强调人作为个体的作用和价值的同时，强调资源的合理配置与系统化作战能力。主要体现在以下五个方面。

1.平台化：通过企业组织变革打造"平台化"企业和"生态系统"的模式，重新构造人才与组织的关系，二者共同承担责任。

2.平等化：企业组织通过去中心化，构建开放平等的合伙人治理文化，重构人才与上司的关系，实现扁平化管理。

3.高效率：建立产业生态和平台思维，将资本、技术、资源、管理等各方都组织起来，形成"共识、共担、共创、共享"的分工协同机制和合伙模式。

4.长期性：基于企业未来的发展战略，通过长期激励机制（授予股权或分红权）来重构人才与资本之间的关系，最大限度地激发人才活力，发挥人们的创业精神。

5.动态化：通过合伙人动态管理机制（包含合伙人选拔机制、考核机制和退出机制），确保"创造者即分享者"，充分尊重人才，激发组织活力。

科学创业时代，创业企业家也在迎接全面注册制的重大机遇，更需要我们高瞻远瞩，居安思危，提前建立科学分配的股权观念。

三、科学分股的三个特征和前提

你是不是这样想的，整个股权只有100%，分股越多，自己的股权比例就变越少，担心失去控制权而导致辛辛苦苦创办的企业拱手让人。其实科学分股有三个特征。

第一，股权比例不在于绝对值，而在于相对值。

创始人通过科学分股，与员工共同把企业做大，核心创始人即使只有较少的股权比例，也可能产生巨大的利益。举个例子，任正非只占华为不到1%的股权，但华为公司一年营业收入几千亿元，1%的价值就大于大多数企业100%的股权价值。

第二，科学分股是留人的重要手段。

无论是困难时期留人，还是招聘优秀人才，股权也是让员工对未来充满希望的手段。股权分配其实不只是做减分，还可以通过增资扩股做加分，把整个股权总量做大。

第三，用科学分股把蛋糕做大。

一个有格局的老板开店，他定下一个规矩，每家店面员工的收益必须大于老板的收益，即员工的股权比例比创始人还高。员工在店面的积极性得到激发，店面家家盈利。老板虽然在每家店面的股权比例很小，但他在几百家店面都有股权，老板最终还是最大的赢家。

老板对控制权要有辩证的观点，控制则意味着企业对控制人的依赖，谁在企业贡献大，企业就会对谁产生依赖，过度控制并不一定全是好事。

有时候员工觉得分股权就是老板给自己画的饼，骗自己为企业卖命，是为了捆绑自己，防止跳槽，想让自己出资，帮助企业解决资金难题，这些都是在分配股权中常遇到的现象。

创始人如果想让科学分股方案有效落地，必须满足三个前提。

1. 企业有钱赚或者未来前景无限

企业既要有"钱途"还要有"前途"。大家入股到公司之后能分到钱，皆大欢喜。即使暂时没钱，但是前途很美好，投资公司抢着要投，员工也愿意等待。

2. 财务要适当公开，让员工心里有谱

在保守商业秘密、避开竞争对手的前提下，财务可适当公开一些数据。试想上市公司不公开财务，就没人敢买它的股票了。

3. 双方一定要彼此信任，不能信息不对称

创始人不信任员工，双方就会出现种种障碍，沟通成本极高。要制定出打消员工顾虑、激发员工善意、增加员工收入的股权方案，使其乐于投身企业的发展。

建立科学分股的观念，就是要尊重历史、实事求是、重点关注、循序渐进、开放吸纳、过程与结果并重。树立了正确的股权观念，如何践行这些观念呢？

四、如何践行正确的股权观念？

所有合伙人在一起创业，股权其实是一个核心的竞争武器。规划好股权战略，不单只是分配股权比例这么简单，主要有以下这七步：要提前做好布局，选择合适的合伙人，计算出合理的股权比例，运用动态股权设计思维，牢牢掌握公司控制权，最后做好股权工商登记，还要持续维护好股权机制的运行。

1.提前做好布局

如果商业战略没思考清楚，股权战略没制定好，建议暂时不要分配股权。只有厘清了股权战略，你才知道哪些人可以给股权，哪些人不适合给股权，才能明白你应该找怎样的合伙人。

2.选择合适的合伙人

如果你的合伙人不合适，再怎么分股权都是无用功。你找的合伙人在能力上要能匹配这个创业项目，同时与你有相同愿景，朝着同一个方向努力，一定要有共同的价值观，最好能力能够互补。

如果短时间内实在找不到合适的合伙人，那就宁缺毋滥。确定好合伙人后一定要明确谁说了算，控制人要先做好商业战略和股权战略的规划，并模拟设计好合伙人之间的股权，再和其他合伙人进行确认，可以开几次小型沟通会议，不断达成共识。

3.计算合理的股权比例

不要凭感觉、喜好、亲疏来计算股权比例，而是根据每个合伙人对项目的贡献，比如资金、时间、技术、资源等，根据项目类型，把人力股、资源股、资金股的权重计算好，算出初步的比例。

（1）操作知识产权、资产、资源换股权，不能两步并成一步走，需要对事实进行还原，对知识产权、资产和资源进行估价，或者通过判断经营要素权重的方式计算股权比例，并约定贡献不能到位的责任。

（2）提前预留员工激励股权及战略激励股权，为未来引进新的人才做好铺垫。

4.运用动态股权设计思维

设定好贡献点，按照每个合伙人达到的里程碑，加上权重与计分规则，计算出贡献值，动态进行股权兑现。要规避合伙人不给力，合伙人同业竞争，合伙人兼职风险，合伙人离职、离婚和离世，合伙人擅自卖股等现象，从而导致股权系统失衡。项目缺钱需要引入资金调整股权时，也会引发股权风险。

5.要牢牢掌握公司控制权

刚创业时领头人要占绝对大股，但随着多轮融资，可以在股权架构上进行设计，使控制人拥有更多的投票权。

比如：使用金字塔股权架构；可通过公司章程特殊约定调整表决权，实现类AB股的效果；还可以签署一致行动人协议或投票权委托协议；最后可以设立有限合伙持股平台等。

6.做好股权工商登记

要小心签署股权代持协议，预防一些不可控的风险。进行工商登记前，还要签署好股东协议、公司章程及确定公司的注册资本。

股东协议主要内容包括：合伙背景、股权比例和注册资本、激励股权的来源、股权调整机制+退出机制、决策机制、合伙人的权利义务、家庭财产分割与继承机制以及其他条款。

其中与股权相关的事项都可以写进公司章程。建议请专业股权律师来拟协议，签署股权协议时，最好让合伙人的家庭成员也共同参与签署。

公司注册资本过高会扩大股东承担的责任范围，注册资本过低会拉低商业信誉，同时容易导致股东对公司负债承担连带责任。建议注册资本根据公司的启动资金、行业特征来定。同时，创业者应注意在日常经营中对实缴出资留下证据，避免超出注册资本承担额外责任。

7. 持续维护好股权机制

为了尽可能避免出现重建规则的情形，创始人要注意做好分配股权的前置步骤，不要提前分配股权，可以考虑根据里程碑的实现情况，逐步释放股权、稳步推进。

通过以上七步，你的股权观念践行是不是更加清晰了呢？

【做小结】

中国企业家一直以来大多是一言堂的家长制，以为公司就是自己一个人的，所以对于股权观念比较淡薄，主要表现在创业初期喜欢轻易许诺，答应给合伙人的股权因为没有签书面协议，当发生利益矛盾时，容易产生纠纷。

企业家一定要有股权观念，未来公司的发展一定是平台化、动态化，以合伙制作为主体，所以要学会科学分股，从做蛋糕到分蛋糕，提前做好股权的动态设计，掌握公司控制权。

第二节　合伙创业

【小案例】

在深圳有一个朋友江小姐，是开母婴用品店的，她之前看过贝店的模式，获得了很多知名机构的融资，也听过一些关于合伙人的课程，于是就想把店里的店员都升级成为她的合伙人，还说入伙的费用是10万元，对未来上市的愿景也做了动员，但是几个店员对此都反应很冷淡，他们私下说，在这个店只是想涨工资和奖金，深圳生活压力太大了，哪有这十万元钱，江小姐说这十万元可以从工资或奖金里扣，但是大家始终不愿意成为店里的合伙人，江小姐也不知道问题出在哪，难道只有她一个人很有冲劲、对未来充满信心？

江小姐虽然很认可合伙制，但她没有对店员的实际情况与需求做分析，也没有对合伙人进行分类，不是所有员工都适合做合伙人的，在合伙创业的过程中，需要创始人有很清醒的认识，不要逢人就讲合伙，否则就会很失望。

【全拆解】

为什么有些企业家做了一二十年企业，规模还是做不大？他们认为不需要找人合伙，自己能够一个人说了算，不能分权。创始人要分析自己的性格是否适合合伙创业。一些缺乏团队精神、刚愎自用、合作意识差的人不太适合合伙创业。你有想过自己能独自承担创业风险吗？如果一个人能够承担风险，性格上也不太适合合伙。如果你确实不想引入合伙人，那么自己也可以单独创业。试想一下，你要从合伙人那里获得什么，所需要的东西是否一定要从合伙人那里得到？比如你需要从合伙人那里获得技术、资金，还是人脉关系等？

如果这些资源是你一个人的力量就可以解决的，那么就应该仔细考虑一下有无合伙创业的必要了。合伙创业时代，合伙人这个概念提得比较多，但是你真的了解合伙人的概念吗？

一、合伙人的概念

说到"合伙人"，大家理解就是合在一起来创业的小伙伴，其实"合伙人"有两层含义，分为法律意义上与管理意义上的。

首先，法律意义上的合伙人是以成立合伙企业的方式，在法律约束下，在协议基础之上，共同投资、共同经营、分享利润、共担风险的法人或自然人。

按照《合伙企业法》的规定，在合伙企业中，普通合伙人GP对合伙企业债务承担无限连带责任，有限合伙人LP仅承担有限责任。如果企业财产不能清偿企业债务，普通合伙人需要以个人财产对自己名下以及其他普通合伙人名下的企业债务负责，有限合伙人仅需赔付其认缴的出资额。

其次，管理意义上的合伙人是合伙企业的所有人，也是经营者，他们比所雇用的职业经理人有更强的拥有感。这种拥有感不是法律上的"拥有"概念，主要是参与企业经营的权利，使经营者变"给老板打工"为"给自己打工"，抱着这样的心态投入到工作当中。

你弄清楚两者之间的区别了吗？还有一种称呼，就是我们常说的"股东"，它与合伙人之间是有区别的，见下表。

股东和合伙人区别表

区别点	合伙人	股 东
定 义	适用于合伙制企业	适用于股份制（有限责任或股份有限）公司
承担责任	分为有限合伙人和普通合伙人。有限合伙人依据自己的出资比例承担有限责任；普通合伙人则承担无限连带责任	股东按照注册资本和股份占比，只需要以出资额为限，承担有限责任
适用法律	《合伙企业法》《民法典》	《公司法》
承担资金	合伙时按照协议的约定，承担资金	入股时按照出资比例，承担资金
加入与退出规定	合伙制企业是根据合伙人之间的协议建立的，合伙人退出或新合伙人加入时，必须取得全体合伙人的同意，并重新签订协议；	股份制企业的股东不能退股，但可以将自己的股份转让给其他人，原有股东有优先购买权；上市公司股东满足禁售条件后，可以在二级市场公开交易
利润分配方式	按照契约进行分配，契约由合伙人在成立合伙组织前协商订立，可平均分配利润，也可以不平均分配	严格按照股权比例进行利润分配，股权比例越多，分配利润越多

从上表可以看出，股东和合伙人两个概念之间还是有区别的，如果你现在开始创业，适不适合推行合伙制呢？

二、哪些公司适合推行合伙制？

现在合伙制很流行，很多创业者说自己也准备推行合伙制，首先要确认你的公司是什么类型的，并不是所有公司都适合推行合伙制，一般以下三类比较适合采用合伙制。

第一类，投资、咨询等专业性强、知识密集型行业。它们的特点包括以下几点：

①采用法律意义上的合伙企业组织形式；

②知识所有者独占控制权与剩余收益中的至少一项；

③为所有证券市场所不容。

典型企业有高盛（上市前），大部分PE（私募股权投资）机构、会计师事务所、律师事务所等都推行了合伙制。

第二类，在创业阶段需大量引进资本的互联网企业、科技创新企业，它们的特点有：

①比较多采用"公司制+特殊架构"的组织形式；

②合伙人团队通过特殊机制掌握控制权（比如投票权委托、一致行动人协议）；

③通过资本入股享受收益。典型企业包括阿里巴巴（合伙人委员会）、谷歌（AB股架构）等，都是采用的合伙制。

第三类，高速发展阶段需大量引进人才，或者在转型期需要留住人才的传统企业。它们的特点有：

①采用"公司制+合伙制"管理模式；

②多由合伙人团队通过资本入股分担风险，享受相应收益；

③强调平等、分享等合伙文化。

典型企业有万科地产、海尔集团、永辉超市、复星集团、高盛（上市后）等。

如果你的企业属于以下两类企业，就不适合采用合伙人制。第一类是国企不适用合伙人制度，如果拿出净利润或超额利润的一部分来给员工分红，是被法律禁止的，因为有国有资产流失的嫌疑，除非国资委认可并同意。这些规定普遍适用于非上市的国企。第二类是发展遇到天花板的企业或无增量企业不适用合伙人制，企业处于衰退期，前途暗淡，这时企业应考虑的是转型或关闭。此时企业如果还推出合伙人制，没有人会同意。

懂得了推行合伙制的企业类型与阶段，那我们就要对合伙人进行科学而准确地分类。

三、怎样对合伙人进行分类？

可能不少企业家会问，合伙人还要分层次吗？难道层次不同的股权分配也不同吗？是的，合伙人是可以分类的。

合伙人可以分为创始合伙人、集团合伙人、子公司合伙人、项目合伙人。

同样是投资合伙人，还可分为全国投资合伙人、城市投资合伙人、店面投资合伙人。

不同合伙人的股权应当明确设置在不同的层级中，避免后期产生矛盾。在设计股权时，必须做到通盘考虑，整体设计。对采用股权分层融资时，笔者有三点建议。

第一，一定要做股权的顶层设计，不要轻易采用公司总部的股权融资，也就是说，如果你能采用店面或项目股权融资的，绝不稀释公司总部的股权，因为它太宝贵了，以后在资本运作中大有用处。

第二，第二，如果以公司总部股权融资，且项目发展前景好，公司的估值一定要有溢价。溢价能力取决于企业的商业模式以及企业家的谈判能力。

第三，第三，如果总部对外融资，建议首次释放股权的比例控制在5%~10%，根据企业实际需要的资金总额来分步融资，逐步释放股权比例。

我们常把合伙人分成三类：商业合伙、事业合伙和价值合伙，它们三者之间的区别见下表。

常见的合伙人机制分类

类别	常见形式	优点	不足	典型企业
商业合伙	侧重于项目，股权集中，业务决策集中，可以没有实物投资	商业性强，规则清晰，适合早期创业	过于看重利益，往往有短期效应	绝大多数创业团队
事业合伙	侧重于行业，股权相对分散，业务决策民主集中化	执行力强，有较强的环境适应性	对个人视野和格局要求高，存在个人能力瓶颈	新东方、万科、京东
价值合伙	侧重于产业，股权更均衡，业务决策更理性	生命力强，有战略预见性	对产业认识、战略、运营和文化管理的要求高	阿里巴巴、复星、小米

你可以对照上面这个表，判断下你的企业推行的合伙人机制是哪一种？

【做小结】

对于合伙创业，选对人是很关键的，根据创业的战略方向，把合伙的目标首先确认好，对于合伙制的各种规则要提前约定好，比如进入与退出机制，利润分配机制。合伙人分类是商业合伙、事业合伙还是价值合伙，它是分很多个层级的，我们要根据不同的发展阶段和目标，选择合适的合伙形式，尤其是企业类型如果不适合采用合伙制时，千万不要一厢情愿地强制实施合伙机制，这样的效果肯定不好。

第三节　科学分股

【小案例】

在××公司上班多年的工程师小尹研发了一套物联网系统软件，可用于小区消防预警。由于他买了房，手中所剩无几，想把这套软件开发应用于市场，资金却很紧张。在一次沙龙上，他的分享被郑总看中。郑总多年前就在深圳买了几套房，算得上财务自由人士，之前卖消防设备也赚了一些钱，他看好智能消防预警这个技术，于是想让小尹拿技术跟他一起成立公司，他出资1000万元，让小尹以技术作价200万元占股20%，他自己占股80%。小尹在××公司工作久了，认为技术远远不止这个价，至少要占股50%，最后两人没有谈好，不欢而散。后面小尹找到了更加合适的合伙人，那位财务投资人只出钱，不参与管理，让小尹做CEO，全职做好这个项目，再分配小尹70%的股权，只是在分红比例上，自己要先收回一些投资，分红比例就更大一些。小尹表示尊重和理解。过了两年，这个项目做得相当好，在物业协会的推广下，很多小区，甚至政府部门都采购了这套系统。他们的公司成为国家高新技术企业，也获得了几轮风投。

【全拆解】

从以上案例我们可以发现，对于人力股、资金股和资源股，很多人还是老观念，认为出钱的才是大股东。这是对分配股权的误解。有些老板酒一喝，就夸下海口，对自己心中的优秀员工就奖励股权，结果发现原来只需要几万元奖金就能解决的，现在按股权比例分配却要分出去上百万元，自己又不甘心了。老板在分配股权时，要考虑哪些因素呢？

一、科学分股要考虑的三大因素

科学分股必须围绕企业战略进行，科学分股时需考虑的三大要素是企业所处的行业、行业所处的阶段、企业所处的阶段。

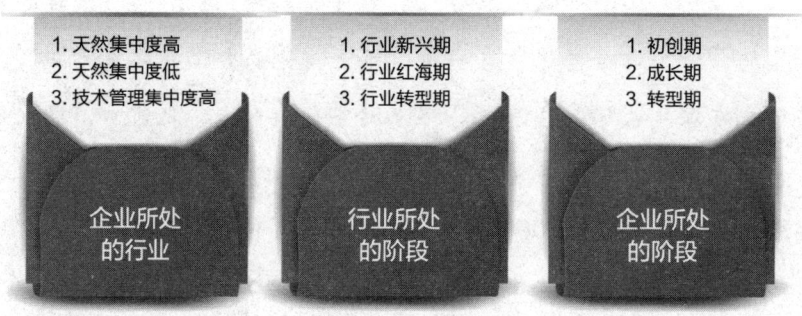

1.企业所处的行业

企业要根据行业属性不同，确定企业的战略，进而匹配相应的股权方案。根据行业的集中度属性，行业可分为三类。

1）天然集中度高的行业

比如矿产、石油、天然气等行业，往往具有垄断性质。我国

目前正在推动国有企业混改，让更多的民营企业介入，以激发国有企业的活力。

2）天然集中度低的行业

比如餐饮、服装、美容、美发等服务性行业。这类行业没有

3）形成规模经营，导致这类行业的分散度高。股权设计可以采取前端

项目管理人员入股的机制,使一线门店的核心人员奋勇拼搏,推动企业不断发展。

4)技术管理集中度高的行业

比如家电、汽车、手机、通信设备、网约车、共享单车、即时通信、网络视频、网络直播等行业。在企业未成为行业领导者之前,不要急于内部股权裂变,不要急于向陌生领域进军,否则有限的资源会被分散,加速企业灭亡。

2.行业所处的阶段

每个行业的发展都会经历新兴期、红海期和转型期。

1)行业新兴期

行业红利阶段,企业应当鼓励团队成员奋勇前进,加速猛跑,激发团队的战斗力。

2)行业红海期

行业洗牌阶段。企业的管理能力决定企业的生死存亡。企业应当通过股权改革,推动组织变革,激发组织活力,同时加大企业内部创新的力度,在市场竞争中求得生存。

3)行业转型期

企业内部可试行创业裂变,通过员工入股,在企业内部平台创业。比如海尔"人单合一"的创客模式,就是大型集团企业在寻求市场突破的一种创新方式。

3.企业所处的阶段

企业的发展会经历初创期、成长期、转型期、二次创新期或衰退期。

1)初创期

要抵制住诱惑,专注一项业务,生存是企业的第一要务,对股权可实行粗放式授予，股权设计则需要重点倾斜，可采用员工不出资或低价出资的方式；激励力度可采取存量激励与增量激励相结合的原则；激励模式多采用干股激励或者虚拟股激励，员工的股权可不在市场监管部门登记。

2）成长期

企业竞争力增强，此时可以通过产品扩张、市场或渠道扩张、客户扩张而成为行业领先者。此阶段对股权可实行精细化管理。

3）转型期

企业内部可试行内部创业，进行不断裂变，构建更有活力的股权生态。

企业的股权设计还要考虑经济周期、国家的宏观产业政策、当地政府的政策以及企业家个人的生命周期等因素。总之要整体考虑企业的愿景、使命、价值观并结合企业所处的行业特点、发展周期、企业自身的发展阶段，使分股方案与之相匹配，从而推动企业组织架构的完善，助力企业战略目标的实现，提升企业的核心竞争力。

在企业进行分配股权时，出钱的资金股和出人的人力股始终是两个绕不开的主题因素，对这两者如何进行科学分配，考验着企业家的智慧与能力。因为无论是出钱的还是出人的股东，都觉得自己的价值巨大，都想占有公司更多的股权比例，拥有更多的话语权，怎样确保股东的权利和义务更加公平合理呢？

二、如何对资金股、人力股进行科学分配？

常见的出钱多，肯定占股比例多，但是不同类型公司是不一样的，出资比例可以与持股比例、分红比例不一致，议事方式和表决权自定。

1.资源驱动型。以垄断性行业为代表,比如水电气行业,股权分配一般是资金占大股、人力占小股。

2.资金驱动型。以私募股权基金等为代表的行业,其股权分配一般为资金占大股、人力占小股。

3.资源、资金共同驱动型。以旅游业、有色金属等行业为代表,其股权分配一般为资源、资金占大股,人力占小股。

4.人才驱动型。以互联网、技术等专业服务行业为代表,其股权分配一般为人力占大股、资金占小股。

举个例子,比如两个人合伙投资100万元到公司,为什么甲投资70万元只占35%,而乙投资30万元却占股65%?弄清楚下面这张表,你就会明白。

货币资本和人力资本分配原则

项目	货币资本(权重30%)		人力资本(权重70%)	
	出资额	占货币资本股比	占总股比	占人力资本股比	占总股比
甲方	70万元	70%	70%×30%=21%	20%	20%×70%=14%
乙方	30万元	30%	30%×30%=9%	80%	80%×70%=56%
合计	甲方占总股比为21%+14%=35%,乙方占总股比为9%+56%=65%				

上面的这个例子,经常在我们股权咨询案例中出现,就是出钱的和出人的所占的比例权重不同,30%和70%都是可以变动的,要根据这个项目中出钱(货币资本)和出人(人力资本)的重要程度来定,当然还可以把

资金、资源、人力分成三个维度，每种所占的权重比例都不同。

所以说，股权分配要讲究其科学性，不是只按投钱多少来固定比例的，要综合考量项目的性质，投入资金、资源、人力能给项目所带来的价值不同，设定不同的权重比例，科学分配，这也是本书打好股权这副牌的重要思想之一。

三、科学分股落地工作流程

科学创业时代，股权是跟资本对决最核心的撒手锏，对于科学分股的各项工作，需要有访谈、调研、动员、方案沟通、签署协议、举行仪式和效果回访等环节，每个阶段都有具体的工作内容和时间安排，这样才能达到理想的效果，作者在为企业进行股权咨询辅导工作中，具体流程如下表，供各位企业家参考。

科学分股落地工作流程表

阶　段	工作事项	工作时间	工作内容
第一阶段	签约	3日之内	协商并签署专项股权服务协议
第二阶段	股东访谈	7日之内	与核心大股东沟通
第三阶段	入场调研	10日之内	①就已收集材料进行具体分析，了解公司背景情况 ②提供具体的尽职调查清单；实时接收材料和补充尽职调查材料清单；具体了解公司实施股权结构设计 ③与财务人员沟通 ④与核心高管沟通 ⑤与入股对象逐一沟通
第四阶段	入股动员	3日之内	①召开启动会议，为服务对象讲授2—3小时的股权课 ②发送前期准备的调查清单（含书面说明、调查问卷），接收相关材料

续表

阶　　段	工作事项	工作时间	工作内容
第五阶段	方案沟通	15日之内	①与大股东沟通方案的思路 ②与拟入股对象逐个深入沟通 ③与大股东沟通访谈的结果 ④起草方案并与大股东沟通 ⑤与其他股东沟通 ⑥与员工沟通 ⑦形成方案1.0版本 ⑧与股东层再次沟通 ⑨与员工讲解方案细节并听取意见 ⑩形成方案2.0版本
第六阶段	名单	10日之内	确定分得股份人员名单
第七阶段	签署相关协议	15日之内	①发展规划 ②组织架构 ③核心部门评估 ④核心岗位职责及权限 ⑤科学分股方案 ⑥科学分股协议 ⑦评价机制 ⑧考核方案 ⑨章程完善 ⑩合伙人评价方案，合伙人考核方案 ⑪劳动合同，竞业禁止协议
第八阶段	举行仪式	3日之内	举行隆重的入股仪式
——	追踪回访	不定期	——

通过上面几个阶段的工作流程，科学分股就能真正落实到位，达到理想中的效果。为创业企业分配好股权，尤其是对资金股、人力股的分配权重进行科学分配，只要这张科学分股牌打好了，后面的合伙工作进展就顺利得多。

【做小结】

　　科学分股主要考虑企业所处的行业、行业所处的阶段、企业所处的阶段这三个主要因素。大家合伙创业，出钱、出力、出资源的所占比重肯定是不一样的，要根据企业对于人力、资金、资源三种所依赖的程度来确定所分配的权重，合理设计分股的比例，让每个合伙人都感受到公正、公平和公开，这样才能齐心合力干好一个项目。作为创始人，如果自己对于科学分股没有把握，建议请专业的股权咨询机构来辅导，通过科学、严谨的工作流程，把调研、动员、沟通和方案做到真正落地，起到效果。

第四节　合伙考核

【小案例】

三位大学同学关系非常好，后面各自进了不同的公司上班，由于共同的爱好，一起合计出来成立公司做区块链艺术品项目，分别负责管理、技术和营销工作，由于大家都很熟了，没有制定什么规则就开始投钱干活了，前后一起投入了300多万元，结果负责营销的合伙人始终没有打开渠道，另外两个合伙人有意见，认为他没有尽到责任，打算把他清退出公司，但是两个人却找不出来清退他的理由，因为刚开始就没有把各自的责权利分清楚，也没有具体的考核标准和指标，最后只能等着资金耗尽，项目彻底不做了。

【全拆解】

上面的案例就是没有把合伙的考核标准确定清楚造成的。不少人认为只要对方成为公司的合伙人后，就根本不用管了，他肯定会把公司当作自己的家来经营，也不需要对他进行考核了，因为大家都是一样的身份，果真如此吗？

一、如何对合伙人进行考核？

合伙人的格局、素养与能力都参差不齐，不可能成为合伙人后都会像创始人一样，很自觉地进行各项工作。如果你的公司已经有了绩效管理体系，可直接用于对合伙人的贡献考核吗？

你要评估它的有效程度究竟有多高？绝大多数企业家都是信誓旦旦说很适用，其实并不然。可以从下面四个方面来分析。

1.如果与绩效考核挂钩的薪酬不能占到员工薪酬总额的50%以上，那么该公司绩效管理体系的有效性是值得怀疑的。

2.既有的绩效管理体系中是否缺少过程管理的内容？如果缺少，则其绩效管理体系的实际水平一定不会很高。

3.既有的绩效管理体系是否仅仅只是作为衡量员工工作绩效的方法？如果是这样，是不适合用作合伙人考核的。

4.依据公司既有的绩效考核结果，可以无可争议地用于决定合伙人的股份分红、身份升降和后期持股增减吗？对这一问题的回答越肯定，说明它越适合合伙人贡献考核。

如果你着急引进一个人才，跟他签订了合伙或股权激励协议，比如你给他10%，但他未必会领情，因为你的股份是90%。

你一旦给了这个人10%，公司还要发展，后续会引进更多、更牛的人才，你的股份就会出现不够分的现象。要解决这个问题，必然要付出巨大的成本和信用代价。

如果只有简单的承诺或协议，通常不会形成周全、长远、组织化的合伙人制度安排。因为你没有基于贡献考核结果来决定分红多少的约定。

公司后续通过融资，股权比例发生了很多变化，早期已经持股的员工如果坚持此前的协议分红，那就极有可能给企业的经营与管理造成某种程度的被动局面。

所以员工持股模式，一定要同时考虑企业的发展阶段、企业发展对不同人才的倚重度、企业向员工授予的股份数量、员工购买企业股份的资金承受力等因素。

创业公司实施合伙人制，对于业绩目标的考核确实比较难，这样让合伙人的利益分配与贡献考核挂钩，就更加无从谈起。建议可以通过这样的考核机制来进行。

1.降低年度业绩目标的考核权重，强化月度目标的考核权重。比如年度权重设为0.2~0.4，月度权重设为0.6~0.8。

2.降低财务贡献目标的考核权重，强化事项目标的考核权重，尤其是研发、财务、行政人事等部门的合伙人，加大对工作计划的完成情况进行考核。

3.实行每月"制度化的业务会议机制"，主要议程包括：

①对上一个月每一位合伙人的绩效贡献进行评估打分；

②为每一位合伙人制定本月的贡献考核目标；

③分析、研究和解决各合伙人在工作中碰到的各种问题；

④围绕当前的工作重点，组织特定主题的培训、研讨或经验分享活动。

总之，合伙人也需要进行考核，尤其是一开始就设定考核的机制与规则，按月进行动态的考核，合理统计贡献值，让每个合伙人都清楚自己在公司所作出的努力与贡献，而不仅仅只是合伙人一个空的身份符号而已。

二、合伙人动态考核怎么做？

为什么很多创业的合伙人在利益分配上会产生矛盾，就是因为一直按公司成立时的股权比例来分配利益。但是随着公司的发展，有些合伙人的贡献与他的付出是不匹配的，这时候其他的合伙人心就不甘了，于是就产生了矛盾。因此，合伙人不能一直把当初确认的股权比例固定在那不动，而是要实行动态股权调整，将贡献考核与其切身利益挂钩，具体表现在三个方面。

```
[与合伙人的分红挂钩]  [与合伙人身份升降挂钩]  [与其后期股份分配挂钩]
```

第一是与合伙人的分红挂钩。

举个例子，某公司年终决定每股分红1元，某位合伙人有10万股虚拟股份，而该合伙人年贡献考核为100分，那么他可分红10万元；如果他有80分或120分，则他分红为8万元或12万元。

第二是与合伙人的身份升降挂钩。

每一到两年根据每个合伙人贡献考核平均得分来修正合伙人的身份层级，贡献大的层级上升，贡献小的层级下降。按照"预备合伙人→正式合伙人→核心合伙人→终身合伙人"的层次来递增或降级。

第三是与其后期股份分配挂钩。

新引进的高级人才，可设一到两年的考察期，企业可以承诺授予一定数量或比例的股份，但需要等到下一配股周期到来时再实际授予。

【做小结】

合伙创业的成功是小概率事件，其中不确定因素就有合伙人之间没有划分好责权利，尤其是大家都成为合伙人后，以为地位都是一样的，都是公司的老板，在这样的心态下做事，大家都会碍于面子，即使个别合伙人做的不到位，甚至严重不称职，都不好讲出来，这就是合伙创业的最大隐患。

所以一定在合伙创业开始前，就要建立合伙人的考核机制，并且要形成制度化的会议，比如周会上要对大家的考核指标完成情况做清晰的说明，对于合伙人股权分配也要动态化，如果没有达到考核的标准，就要对合伙人的分红、身份升降、股份分配进行重新划分，这样才是真正有利于创业成功。

第二章

股权思维：让创业者基业长青的法则

第一节　股权比例

【小案例】

小张和小武一起合伙创业，彼此十分信任，在注册公司时就各占50%的股权，公司在两个人的努力下，发展得还算顺利，后面他们听一些股权老师讲平分股权是很不好的，应该要有一个占大股，这样公司发展了好做决策。尤其是随着公司团队的扩大，两个人之间确实对于战略方向的问题产生了一些分歧。这时候小张说他想多分一些股权，比如说占70%，因为好几个优秀的团队成员都是他招进来的，比较信任他，这时候小武说可以，但是要小张出资购买他手上的20%股权，但是小张不同意，觉得他做的贡献比较大，要小武无偿转让股权。后面两个人咨询了股权老师，最后小张还是按合理的价格购买了小武的股权，最终达到了7∶3的比例，公司最终以小张的决策为主，发展得还是很不错。

【全拆解】

不少企业家咨询笔者股权设计的事，基本上就是说股权比例该怎么分的问题，比如说给手下的副总多少股权比例，对于分配对象的具体情况、分配目的、兑现条件也没有考虑清楚，其实这样分配股权比例后成功性是很低的，到底我们该怎样打好股权比例这张牌呢？

一、股权比例一般如何划分？

股权比例划分虽然没有绝对正确的原则，但笔者在多年股权咨询过程中，也总结了一些实用的规则供大家参考。

比如股权设计要让大股东比例大于其他合伙人之和，大股东占股40%～60%之间，合伙人的持股比例一般要超过核心员工的持股比例。大股东持股比例>其他合伙人持股比例>核心员工持股比例。

其他合伙人持股比例常在10%～20%之间，太多了会影响大股东占比，太少了对合伙人起不到激励作用，反而会让合伙人觉得不被尊重。

核心员工持股不超过5%～10%即可，对于大多数员工足以起到股权激励作用。

投资人的持股比例在公司上市前一般以不超过15%～30%为宜，这要根据公司的行业特性和实际经营需要而定。

设立股权池预留的比例在15%～20%，也可以合伙人各先降5%放入股权池，之后在项目开展的不同阶段，根据各人的不同贡献进行股权调整。

企业在多轮的融资过程中，股权可能被投资人稀释，最好在早期建立股权池，晚期建立期权池。举个例子，大部分公司都会这样做，前10名员工共获得10%的股份，之后的20名员工共获得5%的股份，再后面的50名员工只拿5%的股份。

投资人更接受有明显梯度的股权架构，比如"创始人持股50%～60%，联合创始人持股20%～30%，预留股权池10%～20%"。

如果有一个大老板说他拥有多少家公司？这代表什么呢？他所说拥有多少家公司其实有三种可能性：全资、控股或者参股。

全资子公司、控股子公司、参股子公司，它们之间有什么区别呢？

全资子公司：即母公司持有子公司100%的股权。公司可以设立一人有限责任公司，但不能设立一人股份有限公司。

控股子公司：一是占股50%以上，是绝对控股；或者不足50%但依其出资额或者持有的股份所享有的表决权已足以对股东会、股东大会的决议产生重大影响的股东，是相对控股。

参股子公司：持有其他公司的股份或股权，但仅凭股权或股份控制机制又不足以控制该公司的。

二、怎样破解股权平分的困局？

大家都知道两个人创业平分股权不好，如果两个股东注册时就是各占50%，怎样化解这种不好的股权架构？你可以让一个股东增资扩股，通过追加资金方的股权比例来解决平分的僵局。

你还可以根据创始合伙人的岗位贡献，取得应得的工资，这种"工资奖金法"也是调动并保持管理者积极性的重要方式。

另外，你可用公司利润增加的部分对那些付出多的股东进行额外奖励，从而调动他的积极性，进而解决公司因股权平分造成的僵局。

股权平分的架构最终通过上面说的方法，把股权比例调整成7∶3，这是最好的股权结构。

你也可以采用竞价策略来调整这种股权架构，也就是双方各自对公司价值进行报价，报价高者按其报价，折算出公司股权价格，并以此价格购买报价低者20%的股权，那结果就是一个持股50%的增加成了70%，另一个持股50%的降为30%。

这种竞价方式不能光凭口说，一定要拟定股权转让协议，双方签字、摁手印，确认协议内容，最好请专业的股权律师把关。

为了公司更健康、快速地发展，要找到对公司最有信心的大股东，让其掌握公司的控制权，股权平分的问题就好解决了。

值得说明的是，双方之间的股权比例不一定是7∶3，也可以双方共同确认合适的比例，还可以由一方购买另一方的全部股权。

【做小结】

如果两个人或者三个人合伙创业，刚开始不懂股权比例如何分配，形成了两人平分或三人平分的股权结构，想要做调整，是可以按增资扩股、工资奖金补偿或竞价策略进行的，这样做的目的就是有一个企业领头人，有一个具体的负责人来带领大家去定战略、链资源、带团队、找投资，打好股权这副牌，走向资本之路。

第二节　内部创业

【小案例】

王智超目前在一家集团公司上班，待遇还不错，但是看到很多同学开始辞职创业，他心里痒痒的，总觉得自己去创业，应该也会干出一番事业来。结果他回家跟家人一商量，家人觉得经济形势不好，不要轻易辞职，否则房贷车贷都很危险了。王智超心中的创业梦暂且搁浅了。没想到集团很快就推出了内部创业计划，也就是集团出钱和出资源，鼓励有一技之长的员工在集团的平台上创业，有点类似海尔的众创平台，这下他就鼓足勇气去参加了，通过筛选，他和几个同事一起承接了集团的一个单独项目，凭借良好的资源渠道和资金优势，他的项目获得了不少的业绩与发展，他也算是过了一把创业瘾。

【全拆解】

现在我们创业不能像以前一样大量投钱在某个方向上，因为现在技术变化太快了，真的搞不清楚行业会往哪个方向发展。也不再是领导一拍板投向哪个方向就投向哪个方向，很多新项目只能让小团队去试错，让小团队试错的成本其实并不高。

企业内部创业孵化，让创客们去尝试是一条很重要的路线，说不定我们就能从中挖到新的业务，发现企业未来发展的新路。

一、集团公司如何开展内部创业?

大家都知道,海尔的创客平台模式很成功。作为一家集团公司,如何开展内部创业呢?可以举办内部创业大赛,投资额度根据职位高低设定上限,每个投票人只能投一票。具体操作流程有以下五步。

```
CEO 竞选人组织参加竞赛
获得最大投资额的当选 CEO
投票人交付投资款
新公司出资
分配
```

第一步,CEO竞选人可个人参赛或组建竞选团队参赛。个人或团队领导投资额要超过首期投资的10%以上,如果不投资就没有资格参赛。

第二步,获得投资额最大的投票对象当选创业项目的CEO。投票人可以跟随投票对象的投资项目;如其投票对象未胜出,其有权修改投票对象,但只能排队等待,不保证仍有资格投资,即使能投,其投资金额须打折,有点类似高考填报志愿。

第三步,投票人获得跟投资格后,如果不按其写在选票上的金额交付投资款,则将上一年年收入的20%作为罚款。

第四步,新公司总资本的50%由集团公司投资,可以合并公司财务报表。核心负责人出资10%，经营团队出资15%，剩余的投资人出资25%。

第五步，新公司如有盈利，则按税后利润分成50%的部分，按照股权结构分红，让每个投资的员工享受投资收益；20%的部分，核心负责人分一半，管理团队分一半，即各占总利润的10%；另外剩下30%的部分，作为企业滚动发展资金，投入再生产。

通过以上五步的操作，集团公司内部创业的架构基本就搭建起来了，内部创业主要是从股权、分红权和控制权三个方面规划好。

二、公司内部创业如何规划？

公司进行内部创业时，不要立即注册公司，可以先采取项目小组制或合伙单元制，再实行事业部制，最后才注册子公司。但是都实行独立核算，自主经营，自负盈亏。

随着业绩和团队的不断壮大，可以一步步晋级为子公司，这样就把内部合伙人可进可退、可升可降的动态管理模式搭建好了，相当于设立了完整的股权调整机制、晋升机制与退出机制。

内部创业机制要关注公司的战略定位，匹配适合的部门。可以先从业务端做试点，做好股权结构设计、分红激励设计、组织结构动态演变，从而保证母公司的控制权。

事实上，内部创业时，人才不是公司的核心竞争力，有留住人才、激励人才管理机制的能力才是公司的核心竞争力。

内部创业可以公司搭台，骨干唱戏，股权结构参照51∶30∶19模式，也就是公司占51%，CEO和核心团队占30%，其余占19%，以下几个方面尤其要注意。

```
股权结构    分红权      控制权
  设计    激励设计      设计
```

首先，在股权结构设计时，公司占股51%左右，出大部分资金，操盘手总经理占股15%，核心团队占15%，员工和合伙人可以出小部分资金，剩余10%的股权可以让内部员工出资，这样可以形成协作共同体和事业共同体。

其次，分红权激励设计时，同股不同利分红，不按照股权比例进行利润分配。30%的利润留存作为公司发展基金，20%的利润给核心团队作为分红股激励，剩余50%的利润按照股权比例分红。

第三是控制权设计，如果母公司没有控制权，内部创业就一定会违背公司战略，公司可以在初期掌握主动权和决策权，保证内部创业的方向和母公司战略的一致性。

后期一步步释放决策权，成立董事会，母公司享有半数以上的董事提名权，做好股权的动态调整，随着业务的稳定，业绩的提升，后期创业团队可以占大股，逐步释放股权的数量，增加团队的活力。

只有这样把股权结构、控制权、分红权三个最重要的环节设计好，内部创业才有可能取得成功。

【做小结】

如果你在一家大公司上班，在单独出来创业之前，可以在集团内部创业，这样既可以利用大公司的资源，相当于进行创业的实习，也相应减少了一些单独创业的风险性。不过即使在集团公司内部创业,也要重点做好三个方面的规划,那就是对股权结构、分红权和控制权的把握,这是最重要的,千万不要掉以轻心。

第三节　风险隔离

【小案例】

小郭是东莞做3D打印项目的，当时研发需要资金进来，但是风险很大，还没有任何订单，只能找身边的同学、亲戚和朋友去融资，他们也不懂资本，投资从2万到20万不等，最终小郭公司的股东名单上出现了19个人的名字。后面逐渐有了订单，也有投资公司对他的项目感兴趣，但一看到19个股东名单，投资人就觉得有风险，股东太分散了，这样在经营决策中很不利。小郭咨询股权顾问，建议他成立有限合伙企业作为持股平台，把这19个股东全部放进去。投资公司也接受这种改进方案，企业顺利获得了融资。

【全拆解】

企业一旦决定进行资本运作，走上股权融资的道路，就相当于坐上了股权这个牌桌，就得把这副牌打好，每一张牌的组合，是机遇也是挑战，这其中就存在着各种各样的风险，作为打牌的人，企业家要把风险隔离牌打好。

一、公司股权如何做好风险隔离？

通常来说，利用企业制度的特性，从股权架构上实现风险隔离，是最高效的方式。通过股权架构实现风险隔离而成立的新主体，其股东架构、法定代表人、高级管理人员是否需要与核心安全主体的股东、法定代表人和高级管理人员架构保持一致或者相似呢？

如果二者存在一定的重合，是否能达到风险隔离的目的？如果二者完全不一致，也可能出现新的问题，比如如何选择和确定新主体的股东和法定代表人的人选？

一旦被隔离风险的新主体在设立时存在的高风险问题因为各种各样的原因消失，比如所经营的项目、新的商业模式和技术模式经过法律验证确定是安全合规的项目，那么在双方架构被隔离的情况下，新主体的盈利如何回归主要核心主体进行资本化？

被隔离风险的新主体，如果只在主体层面进行表面上的隔离，比如虽然股东和法定代表人不一样，但实际上仍和核心主体在同一场所办公、使用同样的员工进行生产经营活动，这样的架构能不能真正达到风险隔离的目的？

只有实现了架构风险隔离、产品风险隔离、人员风险隔离，才能确保企业风险降到最低。

对于创新业务线如何通过体外模式来实现架构层面的风险隔离？企业在经营过程当中，有一定安全性的项目和一些不能确定安全性的项目。如果把这两种项目放在同一个主体下，风险很大。一旦安全性不确定的项目出现问题，其他项目甚至整个公司的运营都会受到负面影响。

比如互联网行业，常见的风险有开发失败面临巨额债务、产品侵权陷入漫长诉讼、遭遇巨额监管处罚甚至刑事责任的承担等，这些风险一旦发生，会导致企业账户被查封、股权被冻结。正是因为风险发生后的补救成本远远高于预防成本，所以我们必须达成一个共识：风险防范的最好方式不是事后救济，而是事先隔离。

产权清晰、权责明确、管理科学是现代企业制度的重要特征，因此利用企业制度的特性，从股权架构上实现风险隔离是最高效的方式。

为避免新的业务模式影响成熟健康发展的原有业务，将新业务与原有业务在架构设计的层面进行风险隔离，一般公司可以采取体内模式和体外模式两种选择。

首先，体内模式是指由原有核心公司主体对新业务模式所经营的主体进行100%持股或者控股。比如阿里对淘宝直播业务100%持股，原核心主体对新业务有绝对的掌控力。

其次，体外模式是指先不以核心主体公司作为新业务的股权主体，由独立的新主体经营新业务，等到新业务成熟后，再纳入原有核心主体的模式。这样可以避免因为创新业务孵化失败而拖累原主体的业绩，如果创新业务风险较高，这样做也可以避免对原有业务造成干扰。

我们进行持股主体的选择时，一方面要充分考虑到公司的实际情况，需要设计动态调整机制，符合公司所处的阶段和未来的发展趋势。

1.与企业法人持股和有限合伙企业持股相比，自然人持股更为简单，所以在公司设立初期或者公司经营模式、股东情况在很长一段时间内比较稳定和简单的情况下，可以选择自然人持股的方式。

如果公司已经有长久的业务规划，未来可能进行股权激励、业务分离、引入投资等，就需要考虑采取比较复杂的架构体系，以便后续各事项的顺利进行。

2.如果公司的业务模式风险较高，在这种情况下需要更多地考虑公司和股东风险隔离的情况。

3.通过股权主体的设置，更好地规划公司的财务管理制度并进行税务筹划，是股权架构设计时必须考虑的问题。

对于一些新兴行业来说，技术发展和模式创新更为迅速，将新业务与原有业务在架构设计的层面进行风险隔离，是企业经营者需要提前思考的问题。

二、公司控股系统如何做好风险隔离？

股权顶层设计，首先要清楚很多原则性的问题，比如在集团公司内部，自然人股东如何设立投资公司，如何控股，如何通过持股平台增加公司控制权？如何赋予不同级别的公司不同的经营意义？如何设计控股层、投资层、资本层、产业层和操作层？如何做好税务筹划，降低税负成本？如何隔断经营风险？

当企业发展到一定规模后，需要对股权顶层架构进行重新梳理。比如纵向上，如何设计母公司股东、母公司、一级子公司、二级子公司之间的全资、控股、参股的股权控制关系？母公司股东是自然人持股还是控股平台持股？如何通过股权架构设计，增加大股东对公司的控制权？下属平台公司是子公司还是分公司？

举个例子，我们可以在母公司之下重新注册一个股份有限公司，作为未来公司上市的平台，然后从两个层面梳理股权架构。

第一，垂直向上，梳理新注册股份有限公司的控股股东，设计原有大股东以自然人持股、高层管理团队以合伙制企业（合伙制企业中，原有大股东做普通合伙人GP，其他人为有限合伙人LP）持股。

第二，新注册的股份有限公司收购（置换）各子公司股权，梳理凌乱复杂的股权架构。

第三，上市前的股份制改造都是针对"新注册的股份有限公司"。

企业家做企业为什么一定要提前做好股权架构的顶层设计？因为公司发展越到后面，你的麻烦就会越大，也有可能是致命的问题！

布局决定结局，股权顶层设计决定企业未来！它的意义体现在以下五个方面。

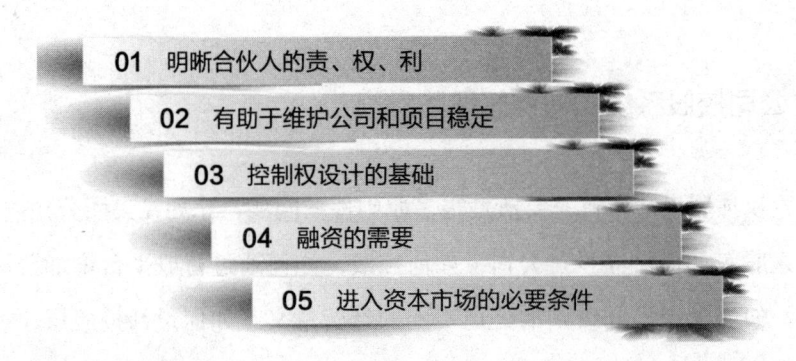

01　明晰合伙人的责、权、利
02　有助于维护公司和项目稳定
03　控制权设计的基础
04　融资的需要
05　进入资本市场的必要条件

1.明晰合伙人的责、权、利

公司刚创办时大家都觉得没什么，但公司经营发展到一定阶段，如果发现某个合伙人不行，怎么办？有可能想清退都难，所以要提前把责、权、利分清楚。

2.有助于维护公司和项目稳定

不少企业家觉得，大家都是同学、兄弟、闺蜜，谈什么股权比例，暂时不用管，先大家一起做事，把事情做成了再说，结果在利益面前就出现问题，人性的弱点表露无遗。

3.控制权设计的基础

如果你不想被投资人扫地出门，请提前做好规划，确保创业团队对公司的控制权。

4.融资的需要

现在投资人一看企业的股权顶层设计不行，基本上就认为是资本运作的硬伤，就不想往下再谈了。

5.进入资本市场的必要条件

虽然现在是全面注册制，但IPO上市必须要股权明晰，股东特别是控股股东、实际控制人及其关联股东或实际支配的股东持有公司的股份不存在权属争议或潜在纠纷。

【做小结】

创业是有风险的行为，我们作为创始人，要提前做好风险隔离，对于持股的主体，考虑是采用企业法人持股还是有限合伙企业持股，是要适应创业不同阶段和具体目标的。另外在公司与股东的财产隔离上，也要做到严格区分，以免造成人财两空。最后就是做好公司的财务与税务筹划。

第三章

股权架构设计：公司规范治理之道

第一节　顶层设计

【小案例】

东北的马总是做大米加工的,想做一个五常大米的直销平台,苦于没有互联网经验,于是从深圳朋友那里找到了懂电商的小陈,还从北京找了一位退休专家老李,他认为大家一起成立这样的平台,肯定能获得消费者的认可。为了快速抢占市场,把优质的大米直接销到消费者家里,他让这两个人成为公司的实名股东,也分配了一定比例的股权,相信这样会激励他们全力来做这个平台。尽管没有发工资,但是大家都很卖力,项目获得了一家投资公司的认可,估值一千万元。投资公司正准备签协议时,小陈和老李却跟马总提出他们想套现退股。而马总没有钱兑现,投资公司更是因为团队不稳定,也不想投资了,结果有希望的项目就这样搁浅了。

【全拆解】

上面的案例中,就是做农业的马总没有把股权顶层设计做好,把股权想得太简单了。其实企业做顶层设计时,商业设计、治理设计、组织规划、产融规划"四位一体",不可或缺,尤其是商业模式设计,它需要解决的根本问题就是盈利,非盈利不可,否则企业的高速发展难以为继,同时与产业链整合、并购、融资的具体规划及时间节奏需要高度匹配。

公司控制权设计和股权结构的预先安排最为关键,它是公司治理内容的重中之重,公司在发展过程中因为依赖资本的支持,资本对创始团队、对公司控制权和整个公司的股权结构也非常关注。

一、股权顶层架构如何设计？

企业要设计股权顶层架构，首先要保证企业的长远发展，那么创始团队需要保持对企业的控制权；在创业过程中如果能迅速扩大规模即使暂时亏损也可以接受，但是在达到一定规模之后需要找到盈利方向，否则投资机构就会放弃支持甚至转而成为创始团队的对立者。

通过股权战略的思维框架，不少创始人会发现自己找错人、找错方向或准备在错误的时间、错误的领域内分配股权。

股权设计是基于长远的商业规划和见解来进行的，如果能用钱解决的事情，就不要着急用股权去解决。

1.你可以把企业规划到多远，就分多少股权。我相信你对企业不会一点规划都没有，至少你清楚目前打算做什么，后面可能还有第二、第三阶段，那针对目前已经想清楚的这个阶段分好股权，尽量不要超出你的想象范围分配股权。

2.梳理清楚分股权的边界。既然走一步算一步，那你的商业规划就存在无限可能，可能会不断衍生出很多商业模块，那么需要厘清向某位合伙人分的是哪个商业模块的股权，必要的时候通过设立项目公司来分股权，而不是全部都在母公司层面分股权。我们的股权咨询案例中，经常有很多企业家弄不清楚到底该在哪个层面给对方分股权，只是答应说分股权给对方，这是一个很大的问题，一定要想清楚。

股权战略不合理，会带来各种各样的商业风险，导致你在创业中深陷旋涡、疲于奔命，以下就是常见的一些情形：

1.利益分配不合理，导致合伙人不能齐心协力经营公司。刚开始都还没有什么问题，一旦涉及到具体利益分配时，就会产生矛盾。

2.引入不合适的合伙人且无退出渠道，导致合伙人之间产生矛盾及股权浪费。刚开始觉得合伙人没有什么问题，后面公司在经营过程中，越来越发现合伙人不行，但是分了不少股份给他，这时候想让他退出公司，就不是那么容易了。

3.引入不合适的投资人，公司发展受阻，创始人承担公司失败的连带责任。

4.公司决策机制出现问题甚至停摆，让公司不能健康地发展。

5.股权份额不够用，人才、资源不到位。由于随意分配股权，结果需要很高端的人才时，发现股权根本不够用了。

6.股东与公司争夺利益。股东没有共同价值观，追求个人私利，把公司的整体远景目标放在一边。

7.公司资产/资源不完整，股东该投入的资金/资源没到位。

8.合伙人发生意外，导致其股权被继承或分割，严重影响公司运营。

9.公司注册资本设置不合理，导致股东承担超出能力范围的责任。

二、三类不同的公司如何设计股权？

人性是复杂的，股权设计不是试图改造人性，而是认识到人性的复杂，通过股权去驾驭人性，构建好的制度环境，尽量减少合伙人不好的行为，激发彼此更好行为的发生和发展，打造利益共同体，这是股权设计的根本目的。

作为企业创始人，我们为企业设定愿景，这是顺应人性的善，因为更多人愿意发挥自己的价值，对企业和社会有所贡献；在股权设计中多劳多得的设计就是顺应了人性的私；设定考核是为了遏制人性中好逸恶劳、不劳而获的一面，使其无法懈怠。

股权设计要满足人性的需求，也要根据不同的行业类型，体现人力资本的价值，充分发挥股权的核心分配与激励作用。针对以下三类不同的企业，人力资本在其中发挥的作用是不一样的。

资源型企业　资本型企业　人力型企业

1.资源型企业，如煤炭企业、加油站、加气站、矿山企业等。对资源的依赖程度较高，人力在企业中的能动性相对较弱，资源却占据主导地位。

2.资本型企业，如保险公司、银行、基金公司等。这类企业有较高的准入门槛，主要以资本为主要竞争力，现在也正逐步加大对人力价值的重视。

3.人力型企业，如互联网公司、高科技公司、教育培训机构、美容院等。这类企业为更好地激发人力的创造性，目前对股权设计呈现出更加旺盛的需求。

这三类企业，在进行股权设计肯定侧重点是不一样的。你在股权设计过程中，是不是碰到这种情况，发给合伙人股权，他却离开了公司。建议你要设计动态股权机制，让股权进入与退出都有章可循。

1.尽早确定股权进入、成熟和退出的机制。

最好开公司时，就把这三个机制确认好，不要随便给人分配股权，一定要提前把成熟和退出的机制设计好，否则会很麻烦。

2.兼职的期限不计入成熟期，已工作的期限视为已成熟。

有时候为了测试合伙人是否能与创始人配合得很好，可以设定一些磨合期，他可以在其他公司工作，在你的公司兼职，在这期间一旦发现他不是很适合，可以不用兑现股权。发现合适并正式加入公司，就可以按标准成熟并兑现股权。

3.最好提前做好股权分配的规划。

投资人进入之前，公司可以设计15%作为期权池，以吸引后面需要的优秀人才，这部分股份由创始人代持。

4.合伙人股权代持。

减少初创期因核心团队离职而造成的频繁变更股权，等到团队稳定后再进行变更，企业到一定时期可设立有限合伙企业作为持股平台。

5.工资白条与股份。

创始人给不领工资的合伙人先记工资欠条，等公司的财务比较宽松时，再根据欠条补发工资。如果合伙人为公司提供设备或其他有价值的东西，比如专利、知识产权等，也可通过溢价的方式给他们开欠条，等公司有钱后再进行补偿。

三、如何优化公司的股权设计？

你想过让自己公司的股权优化吗？比如调整原股东持股比例或通过吸引外部投资者等方式优化公司股权结构，实现股权价值最大化。

1.适当减持一定股份，增加其他法人股份甚至个人在公司中所占的比重，实现股权分散，以相对控股方式实现控制而不必绝对控股，同时也可增强股权的流动性。

2.实现股权的有进有退。对于集团公司的非主业企业的股权，应本着有进有退的原则实现逐步退出，将辅业由控股变为参股。

3.适度引入职工股份,将个人利益与企业利益相捆绑。一定的激励机制可提高员工工作的积极性,并在一定程度上促使包括经营者和生产者在内的企业成员间形成自我监督与相互监督的机制,从而提高工作效率股权资本。

4.引入外部投资者。在主业领域可引入战略投资者,机构投资者一般投入资金量较大,持股周期较长,且更看重投资的安全性和长期利益,加之他们拥有较强的研究分析能力和较多的信息获取渠道,因此更有能力去助推企业发展。

5.开展股权收购活动,以较少资金控制更大社会资产。

6.实施产权置换。延伸产业链,组成企业战略联盟和战略利益共同体,谋求企业的长远发展。

【做小结】

股权顶层设计一定要把控制权、分红权、投票权三项重要的内容规划好,对于资源型、资本型、人力型的公司类型,设计不同的股权模型,让股权进入、成熟和退出的机制在公司创办时就很明确,这样合伙创业的合伙人都有游戏规则可以遵守了。

第二节　股东出资

【小案例】

小汪在广州一家知名的人工智能公司做主管，学到了很多前沿的技术，后来自己创办了一家车联网语音类的公司。在一次线下活动中认识了做汽车贸易的梁总，刚好汽贸与他的项目有关联性，很自然小汪想让梁总投资他的新公司，梁总很爽快地答应了他的邀请。公司注册资金1000万，梁总也很快把他出资的800万打到了公司账户上，担任公司董事长，也是大股东。CEO小汪开始大张旗鼓地招兵买马，研发新的技术了，一切发展都很不错，过了几个月，财务告诉小汪，说梁总通过汽车贸易的合同，把公司账上的钱转移了，小汪一下子蒙了，不知道该如何应对这样的局面。

【全拆解】

不少创业者在创业过程中，以为大股东投资人把钱转到公司账户上，就是完成了出资，殊不知还有出资后撤资的现象，最后让自己措手不及，如何预防股东出资不到位呢？

一、如何防范股东出资不到位？

公司发起股东将资金转入公司账户，但在公司成立时，却将自己的出资抽逃，这就是出资不到位。股东如果采取非货币财产出资时，必须依法办理财产权的转移手续，这样才算出资完成。

无论是抽逃出资还是非货币财产出资不到位，都会损害公司及其他股东的利益，同时也会损害外部债权人的利益。

抽逃资金大多会以货款、采购等名义转走。这类抽逃出资是我们在股权咨询中最多见的形式。面对这种情形，债权人可以向法院申请，对虚构的货款方、采购方进行询问调查，如果调查的结果是虚假交易，那就可以证明股东构成抽逃出资。

股东抽逃出资的种类有很多，主要表现在以下五种：

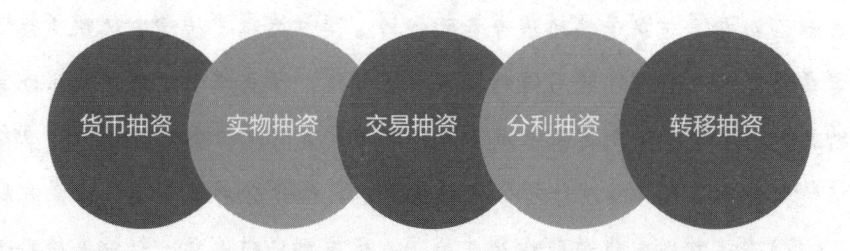

货币抽资　实物抽资　交易抽资　分利抽资　转移抽资

1.货币抽资。股东抽走货币出资，随后以其他未经审计评估且实际价值明显低于其申报价值的非货币部分补账。

2.实物抽资。在用于出资的建筑物、厂房、机器设备、工业产权、专有技术以及场地使用权等非货币资产验资完毕后，股东将其中一部分或者全部的实物出资抽走。

3.交易抽资。通过伪造虚假的基础交易关系，将公司资本的一部分或者全部划归为股东个人或其他关联公司。

4.分利抽资。通过制作虚假财务会计报表虚增利润，在短期内以分配利润名义提走出资。

5.移转抽资。即通过对股东提供抵押担保等形式而变相抽回出资。

股东不按约定出资，就是没有履行自己的认缴义务。认缴制并不意味着股东就被免除了出资义务，只是延期了而已。认缴制如果占份额高的股东不履行出资义务，势必会损害按期出资股东的权益，也会妨碍公司的正常运营，更会损害外部债权人的利益。

二、对出资不到位的股东如何限制他的权利？

各位读者，你有遇到股东资格不到位或者虚假出资而引起的纠纷吗？对出资不到位的股东，其他股东是否就无计可施了呢？

1.在公司设立阶段，股东之间应就设立事项及出资问题（未履行出资、抽逃出资、迟延出资、虚假出资、瑕疵出资）在《出资协议》中进行约定。

2.在公司成立后，应在公司章程或者股东会决议对出资不到位的股东的利润分配请求权、新股优先认购权、剩余财产分配请求权等股东权利作出相应的合理限制。

3.对于没有足额出资的股东，公司没有权力将其股东资格直接否定。但对于侵害股东权利的行为，侵权股东需要承担法律上的侵权赔偿责任。公司章程可约定股东按照实缴的资本享有表决权。在公司股东会就股东除名进行表决时，拟被除名的股东不得行使表决权。

如果发现股东出资不到位，我们可以采取以下举措来保护自身利益。

从公司的工商登记档案中，可以查到公司成立时的出资情况。还可通过会计师事务所出具的验资报告，进一步验证该股东是否将不动产或者知识产权变更至公司名下。你可以前往相关部门，查实该不动产或者知识产权是否已经变更到公司名下。如果发现股东没有履行变更登记，就可以认定该股东出资不到位。

需要特别指出的是公司、其他股东或者公司债权人主张认定出资人未履行出资义务的，人民法院应当责令当事人在指定的合理期间内办理权属变更手续。

对于应缴出资而未缴出资的股东，可对他的分红权进行打折，也可让他不享有公司分红权，相应分红由其他足额出资的股东拿走。可约定延迟出资的违约金，也可以约定按实缴出资享有表决权。这样，对于未实际足额缴纳出资的股东，他在公司的话语权就会大打折扣。

对于股东出资，尽量不要设置太长的付款周期。付款周期越短越好，实在需要分期付款的，也尽量控制在三个月或半年以内。

还可约定一个回购条款，约定如果有股东延迟出资，达到一定期限的，其他股东可以按照一个价格（这个价格肯定是很低的）直接收购这位股东的股权，以达到让这位不出资的股东直接出局的目的。

总之，有股东延迟出资时，要进可攻（要求他实缴出资并承担相应的违约责任），退可守（收购他全部股权令他出局），这样才会更加占据主动。

三、股东出资后如何确认股东资格？

有些企业家让别人入股时，直接把投资款转到自己个人银行卡里，这是非常危险的，也是违法的。企业收到员工的合伙金及支付合伙金分红，财务应当如何记账呢？可以在公司账本上这样记载：

1.收到合伙金时

借：现金/银行存款

贷：其他应付款——合伙金

2.付合伙金利息

借：财务费用

贷：应交税费——个人所得税

现金/银行存款

注：代扣代缴个人所得税按利息、股息、红利所得计算，税率20%。

公司如果让员工现金出资时，一般来说销售部员工出资最积极，财务部员工最消极。老板在做重大决定前，建议同时听取这两个部门的意见，并在不同意见当中权衡协调。

如果没有充分证据证明有成为公司股东的意思表示，仅仅有向公司支付出资款的行为，也不能被认定为股东。

1.如果股东在向公司出资时的款项系委托他人支付或者向他人借款，则需要签订《委托付款协议》或者《借款协议》等，以明确款项的用途，避免第三人后期以自己系实际出资人为由向公司主张股权。

2.股东虽然向公司支付了款项，但是因为款项的用途有多种，有可能是借款、赠予、贷款等，股东必须注明该资金为"公司出资款"，并必须有充分的证据证明自己有成为股东的意思表示，并且基于该意思表示支付款项。

3.股东出资前后，应及时签订《投资协议》《公司章程》等用于证明自己出资入股的意向，并要求公司出具出资证明书并记载于股东名册上。

4.股东须保存好已经出资的相关证据，特别在原始出资中，对于以汇款方式出资的股东，须注明资金用途是"出资款"，如果没有注明资金用途的，则在法律纠纷中往往会产生该款项是否为借款的争议。

5.在隐名持股的纠纷中，因为实际出资人的资金往往是先汇给显名股东，再由显名股东汇给公司，隐名股东将出资款汇给显名股东时，需要注明资金用途，并得到显名股东对于该笔款项用途的确认；显名股东将该笔出资款汇到公司时，也要注明资金用途。

总之，无论股东是以原始出资方式还是受让继受的方式取得股东资格，必须及时要求公司提供相关证明股东资格的形式要件，比如签署公司章程，获取出资证明书，要求股东名册记载，当然更重要的，是及时进行工商登记。

【做小结】

对于出资不到位的股东，我们要提前在公司章程中约定具体出资的时间与金额，如果真的出现出资不到位的现象，要对这位股东的表决权、分红权做出限制，甚至要赔偿公司的损失。当然对于按规定出资到位的股东，我们要及时履行法定义务，确认他的股东身份。

第三节 公司治理

【小案例】

佛山一家做预制菜的公司负责人雷总，依托他之前在知名副食品行业的工作经验，很快组成了创业团队。由于曾经在知名副食品行业工作，雷总做事雷厉风行，公司属于风口行业，很快获得了知名投资公司的青睐，融到了一笔可观的资金，雷总更加自信满满，在向全国扩张的过程中，他招聘了一批优秀的人才，但是始终他都是相信自己的判断与眼光，几位副总对公司的管理有不同意见，征求雷总的看法时，他总是说你们不用考虑这些、一切听我的就好了。随着公司多轮融资，雷总的独断专行受到了其他股东的非议，尤其是三家投资公司派出的董事，对雷总能否成功任职到公司IPO上市，有很大的担心。最后引进了投资公司推荐的新CEO，这位CEO有海外教育背景，而且格局非常大，很受其他管理层的尊敬，雷总有点理解不了，为什么自己的公司最后自己被扫地出门了。

【全拆解】

中国很多企业家都喜欢当家作主，公司的大小事情全往自己身上揽，无论是公司盈利或者亏钱，好像永远有做不完的事，其实这是公司治理这张牌没有打好。

一、如何设计好公司治理架构?

做好公司的治理设计,才能明确责权利的关系并调动员工的积极性,保证股权激励的顺利实施。

公司治理虽然是从西方引进过来的,但是现在世界各地的公司治理设计相对来说是比较完善了。

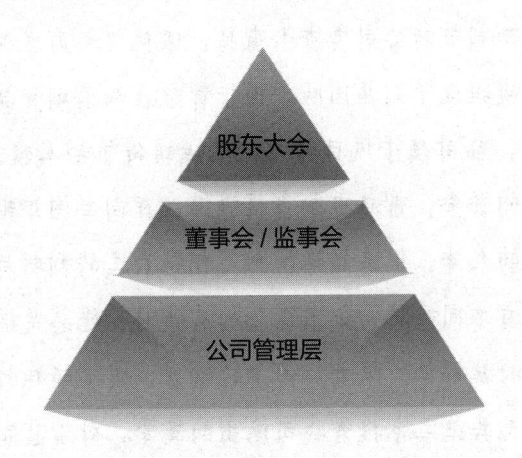

```
           股东大会
        董事会 / 监事会
         公司管理层
```

公司治理的最上层是股东大会,中间层是董事会和监事会,底层是公司管理层。股东大会是公司的最高权力机构,公司的一切重大事件比如公司增资、利润分配、选举董事或监事等重大事项由股东大会决定。股东大会下设董事会和监事会两个平行机构。董事会是执行机构,是公司战略、经营管理和客户满意度的最高责任机构。监事会是监督机构,其职责包括对董事/高级管理人员履职监督、公司经营和财务状况监督、合规监督等。

公司治理体现了公司内部权力制衡的游戏规则。在遵守公司章程的同时,还需要视公司的组成人员等具体情况设立好治理规则,以便公司在每一步的发展中都能有章可循,不至于因为一些突发事件的发生阻碍了公司的发展。

如果是成立合伙人制，那就要细化议事规则，先确定每个职能板块的负责人，职能混合的事务也要说清楚。还要确定决策机制，对于重要事情的决策权、投票权、参与权、知情权，这些权利要根据分工、项目特点和商业模式来确定。要确定信息机制，确定好各类信息发布、回复、表决等方面的基本格式要求。要确定议事规则，涉及内部讨论、决策、投票的，要设计好约定的规则，要学会怎样开会。要确定利益分配机制，尤其是分红、奖金、提成等核心问题。要确定监督方式，比如财务查账，规则要定好，减少互相猜疑。

从上面的内容可以看出，"三会一层"的公司治理还是有很严格的管理规范、制度和机制的，股东大会是公司的最高权力机构，它的运转机制尤为重要。

二、如何正确召开股东大会？

严格来说，股东都要亲自参加股东大会，但有时候因为特殊原因无法出席，股东也可以委托代理人出席股东大会会议，但要讲究流程，要取得其他股东的同意。委托的代理人不一定是律师，也可以是其他人，但股东要代理人参加股份有限公司的股东会时，必须持有书面委托才行。

委托书中的委托签字问题，往往容易引发极大的争议：第三人持有签字的授权委托书，授权人的签字就存在伪造的可能。为了防止授权委托书伪造的情况，可以要求双方对授权委托书进行公证，并对委托权限做出明确约定。委托书中对授权的具体事项、授权期限、表决权和分红权要明确，以免发生越权行为。

通知股东开会，不论采取哪种通知方式，成功通知到股东是最低要求，如果股东没有获得参会的通知，那么股东会决议也是无法律效力的。通知股东来开会，以下三点要特别注意。

1.公司章程列明书面送达地址，具体方法为在公司章程中明确写明所有股东有效的书面送达地址，地址一旦确认，下一步就可以使用邮寄的方式来送达通知书。

2.如果说E-mail、短信、传真、微信、QQ等送达方式为有效方式，书面邮寄有个很大的缺点，股东搬离地址或者手机号停机，就会产生送达无法完成的情况。E-mail、短信、传真、微信、QQ等只要发送至系统，就可以认定为送达完成。

3.在专人、快递、传真、E-mail等均无法送达且无法电话联系的情况下，才能以媒体上公告方式送达，公告送达以第一次在媒体上公告刊登之日为送达之日。

股东大会是公司最高的权力机构，所以正确召开股东大会，是我们每个企业家都必须要打好的股权牌。另外，充分利好董事会也是相当重要的。

三、如何充分利用好董事会？

在股东资源视角下，董事会的核心功能是资源集聚与价值创造。在大股东背景下，如何避免"公司治理"演变为"公司政治"，关键在于股东董事以及基于股东资源的董事会定位。

董事会是"资源+能力"的组合，从股东资源角度看，股东董事作为董事会的核心层，其代表的是大股东及其股东资源。也就是说，股东董事是维系董事会运作的核心，是支撑公司发展的动力源。而这一切均是由于股东董事所拥有的股东资源及其所承担的受托责任。

与股东董事不同，执行董事、独立董事等并不拥有足以让公司生存发展的各类资源，他们所拥有的只是将股东资源转化为竞争力和价值增值的各种能力。例如，执行董事自身拥有的市场经验、管理能力等，独立董事拥有的会计、法律、行业知识等方面的专业胜任能力等。

可见，董事会的构成或结构，与其说是不同来源的角色组合，不如说是"资源+能力"的动力组合，如下表所示。

"资源+能力"的董事会构成

类别	与大股东关系	在董事会的地位	资源或能力	备注
股东董事	攸关	核心层（产权代表）	股东资源嫁接于公司的直接推动者	——
执行董事	密切。根本上代表公司利益而非某一大股东利益	半核心层	以管理能力为主，以资源获取为辅	——
独立董事	独立。代表公司利益而非某一股东利益	关联层	以专业能力为主，以资源提供为辅	评判股东资源定价的公允性

随着全面注册制的实施，各种新经济企业的蓬勃发展，对于公司治理的设计，我们认为有一些制度上的创新需要与大家分享。

【做小结】

公司刚开始可能只需要创始人一言堂就可以，这样决策效率高，但是企业是要不断发展的，尤其是要走向资本市场的时候，公司的治理结构就要严格按照"三会一层"（股东大会、董事会、监事会、管理层）来运行，对于开好股东大会和董事会的运作，一定要按现代企业的规范化来进行。

第四节　机构设置

【小案例】

这是我亲身经历的案例，一家智能化公司获得了三轮融资，为了达到投资公司提出的业绩要求，董事长孙总想向全国各地多拓展业务，于是一些声称在当地有良好关系的人，都想跟孙总成立项目公司，孙总也没有做任何考察，就让人事财务办理了当地项目公司，由总公司与当地有资源的人一起出资，还派车派人去支持当地公司的业务拓展，结果费用花了不少，最终一个项目也没有签下来。

【全拆解】

企业在不断发展过程中，肯定会向外扩张，如果母公司在外地接了一个新项目，希望成立一家项目公司，是应该设立子公司还是分公司呢？哪种情况对母公司更加有利？

一、设立子公司还是分公司？

企业扩张是设立子公司还是分公司？要根据企业的实际情况，以及企业未来的战略发展因地制宜、实事求是地权衡、分析。

一般情况下是设立分公司，因为通常开展新项目前一到三年都会处于亏损状态。如果设立的是分公司，亏损的部分就可以合并到总公司的财务报表中，帮助总公司抵扣利润，减少税收。

当分公司走出前期的亏损状态，步入正轨，开始逐渐盈利了，此时可考虑关闭分公司，成立子公司，此时以子公司的名义独立开展业务，脱离母公司的监管，拥有自己的经营范围。

创业时如果公司的项目和业务很多，应该成立多个项目公司，可以节税和规避风险。小公司做大不容易，但大公司做小很容易，多个项目公司就是很好的选择。公司里有很多项目，我们可以每拿一个项目组建一家公司，以利用小微公司的税收优惠，小规模季度不超过30万元免征增值税的规定，合理合规地降低税负。

另外，还可以由销售部独立成立一个公司，采购部独立成立一个公司，项目和项目之间是独立的公司。

这样有什么好处呢？因为独立的法人主体，彼此不牵连，各自都是独立承担责任。公司和公司之间可以交易，组合起来使用，可以降低企业所得税，规避项目和公司的风险。

二、如何保持不同主体的独立性？

企业不断扩大规模，不同主体也越来越多，如何保持不同主体的独立性？建议通过股权架构的方式实现风险隔离，保持不同主体的独立性，做到各自独立经营不同的业务，独立承担不同业务的风险责任。这样在拟上市公司主体进行资本运作中，我们就能够确保IPO上市前的合规性。

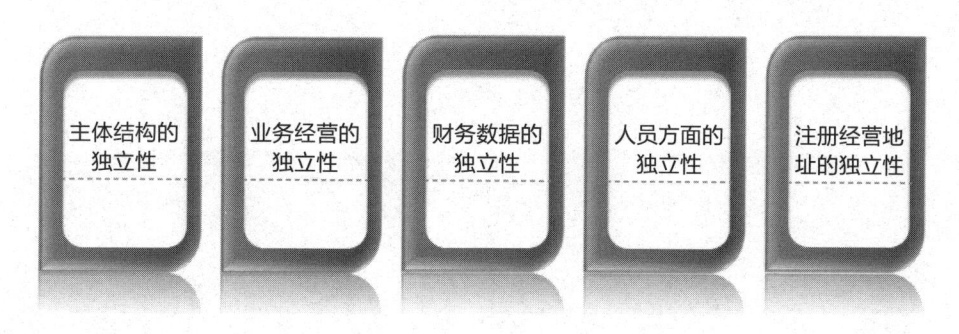

| 主体结构的独立性 | 业务经营的独立性 | 财务数据的独立性 | 人员方面的独立性 | 注册经营地址的独立性 |

1.保持主体架构设计的独立性。在股东人选、法定代表人、高级管理人员方面做到独立，最好可以选择与核心主体无关联的人员担任新设立公司的职务。

2.保持业务经营的独立性。对外展示、业务经营、宣传推广、许可申请、合作协议签署等方面均以新主体的名义对外开展。

3.保持财务数据的独立性。不与原有主体的账目往来进行关联，与新主体业务相关的成本和收入均由新公司支付和收取。

4.保持人员方面的独立性。以新主体的名义与实际从事该业务的员工签署独立的劳动合同、发放工资、缴纳社保、缴存公积金。

5.保持注册地址和经营地址独立性。

通过以上五种情形的独立性，能确保拟上市公司主体的合规性，资本上市之路上会走得更加稳健。

【做小结】

对于企业在发展过程中是设立分公司还是子公司，或者是事业部、办事处等形式，要根据法律主体的风险、纳税、财务等不同，合理进行规划安排，如果企业要走资本之路，要确保各主体之间的独立体，做到经营、财务、人员等方面的独立性。

第五章

股权分配：破解中国式合伙的败局

第一节 动态股权

【小案例】

顺德的梁总做了一个上门维修电器的项目,他接受过我们股权方面的咨询辅导,他认为企业发展战略和经营策略是动态的,股权激励也要动态化,不能用一成不变的静态股权激励去匹配和支撑动态的战略规划。他说当公司因外部经营环境和内部资源能力发生变化而需要对战略进行调整时,股权激励的激励对象、激励模式、行权条件都要及时进行调整优化,以科学、合理的股权激励机制去支撑战略达成。激励对象、额度、价格、行权条件等内容,都与原有股东和投资人的利益密切关联。由于梁总作为股权激励方案的制定者,解决好投资人与经营者信息对称这一关键问题,使股权激励方案得到原有股东和投资人的理解和支持,最后取得了股权激励的成功。

【全拆解】

从梁总成功的案例我们得知,动态股权分配是不错的股权设计理念,动态股权分配有五大优点:公平性、开放性、可量化、可操作、适用广。具体的做法有哪些呢?

一、有了这十点,就是好的股权分配机制

动态股权分配机制越来越受到创业者的喜欢,虽然不能说百分之百公

平合理，但相对来说能够应对不确定性太多的创业阶段，以下十点是好的股权分配机制必备的特质。

1.让所有团队都觉得是公平的

股权分配的原则能体现每一位团队成员所做的贡献。不管是领导还是下属，不管是发起合伙人还是后来加入的合伙人，不管是在职的合伙人还是已经离去的合伙人，各自都应该得到他们应得的。

2.股权进入和退出机制是设计好的

初创企业面对的环境是复杂多变的，团队往往需要不断地调整和补充新鲜血液。好的股权机制应该考虑这种变动性，让有能力的人随时可以参与进来，让不合适的人有机制可以被清退，让坚持不下去的人随时可以退出，帮助团队维持一个开放的架构。

3.股权的多少要体现每个人贡献的价值

参与创业的有的出钱，有的出时间，有的出专利技术，有的出人脉资源，所以要量化各个投入要素的价值，鼓励团队成员为公司带来更多资源，越是对当前阶段稀缺的资源，可奖励他越多的股权。

4.确认目标、里程碑、贡献点、贡献值四大要素

将企业的战略发展目标拆解成一个个小的阶段性目标，里程碑就是完成一个关键节点的任务。贡献点包括资金、物资设备、全职合伙人未全额领取的工资、创意、人脉、知识产权等，确定贡献点时一定要对各个贡献点之间的关系进行衡量，明确各贡献点对企业发展的贡献。至于贡献值的大小，企业要根据自身情况提前确定，以保证公平。贡献点就是贡献的资源，比如获得粉丝100万，贡献值就是贡献点所产生的价值，比如一个粉丝

价值10元，相当于贡献值为1000万。

5. 动态股权要能体现阶段性的成果，及时兑现成果

我们可以对各个贡献点计算积分卡，当到达一个里程碑后，可能进入一个不一样的风险水平，合伙人前期所冒的风险要得到相应的回报，把切出或者增发部分的股权兑现到位，体现阶段性的成果，让团队成员感到被认可，尝到甜头，刺激他为公司作出更多贡献。阶段性兑现股权计算公式为：股权比例＝预分股权比例 × 合伙人的贡献值/贡献值总额。

6. 股权回购机制要提前设计好

创业中途团队成员退出很正常，股权要做到收放自如。股权是吸引资金、人才、资源的工具，所以要倍加珍惜。在公司创业阶段，公司不能有太多的缺位持股人，也就是他虽然持股但不参与公司运营管理，这样会影响团队成员的积极性，而且会对后续融资造成不良影响。

7. 简单易操作

股权激励方案如果操作起来过于复杂，实施成本过高，就没有可操作性，在复杂性和可操作性之间要适当平衡，让方案能够简单、快速执行。

8. 千万要白纸黑字地签字，形成法律文书

具体执行标准要白纸黑字写清楚，确定了里程碑、贡献点、贡献值等要素之后，要将股权分配规则以书面的形式固定下来，然后再落地执行。所有的承诺一定要落实在纸面上，千万不要口头承诺，要形成一个正式的法律合同、协议。

9.尽量减少股权变动的费用

股权变更、转让是涉及纳税的,所以在股权激励或过户时就会产生公证费、税费等,这方面也要注意,比如建立有限合伙持股平台就能避免双层纳税。

10.设计好股权进出机制

当需要引入新员工、新资本时,企业总有足够的股权可以分配。明确股权退出机制,允许不再为公司发展做贡献的合伙人退出,根据退出原因制定不同的股权回购机制,让留下的合伙人感到公平,同时吸引更多新的合伙人进入,共同推动企业持续、稳定发展。

二、动态股权分配的行权价格如何定?

动态股权分配的行权价格如果过高,对被激励者来说就没有吸引力了。以下五种行权价格,可以作为大家的一些参考标准。

- 注册资本作价
- 净资产作价
- 市盈率或市销率作价
- 融资价格打折
- 综合以上定价

1.原始注册资本作价,尤其是对于处于创业早期的公司,以及还在亏损期的公司,以注册资本作价是有一定参考价值的。

2.净资产作价,对于已经有累计利润的公司,公司有了一定的净资产,相对以它作价易被接受。

3.按照市盈率或者市销率等指标给公司定一个价格,但价格需要有吸引力,而且要明显低于外部股权融资的市场价格,尤其是对于已经产生销售,销售较稳定，甚至已经有利润的公司。这代表公司处于一个良性循环的发展阶段，给予合伙人一定优惠，是对他们的鼓励。

4.在最近一次对外融资价格的基础上给一个优惠折扣。比如融资时给投资公司估值是三千万元，给合伙人就要打个折扣。

5.综合使用以上多标准定价，取最高价、最低价或者平均价，这样多维度、多权重的计算，可能会更加公平合理。

你在行权时，是怎么定价的？有没有采用以上的方法呢？

三、如何设定贡献点、贡献值和里程碑？

动态股权思维下，制定分配股权的里程碑，主要是三个方面。能分多少股权？什么时候生效？需要支付的对价是多少？

1.能换多少股权？可以按注册资本来定，你可以设定一股面值一元，看能换多少股。

2.什么时候生效？到达里程碑的时候就生效。

3.需要支付的对价。动态股权分配的是一个认股权，而不是赠送股权。这个对价要对行权人有足够的激励和吸引力。

动态股权分配时，常见有这些里程碑，如下表所列，比如产品研发成功、销售上市、公司获得现金流、成功获得融资、市场占有率提升到什么水平，这些都是可以量化的里程碑。

动态股权分配时常见的里程碑

里程碑	举例/解读
产品开发/研发成功	某款APP/硬件已经通过测试，成功上线
产品获得销售许可/经营许可	不少行业有严格的市场准入许可，比如医疗器械、药品都需要注册后才能进行销售，金融机构需要获得牌照才能营业

续表

里程碑	举例/解读
公司销售收入达×万元	公司建立起销售网络，销售收入初具规模，达到了1000万元
公司毛利率达到多少	公司通过理顺销售和成本环节，主业盈利性确立
公司实现收支平衡	代表公司有持续的造血能力
公司实现正向经营性现金流	代表公司倒闭的风险很低
公司获得风险投资机构的投资	代表公司的发展受到了资本的认可
注册用户/付费用户/消费者达到了多少	代表公司的产品受到了市场的认可
平台流水达到多少万元	表示平台初具规模
公司的市场占有率达到多少	表示公司品牌价值初显
行业排名达到多少名	代表公司行业地位奠定
连续三年取得多少销售增长	证明公司有很好的成长性

每个团队都可以根据自己的商业模式和所处的行业制定个性化的里程碑，引导团队共同努力。建议团队提前制定未来三至五年的里程碑即可，没有必要一次制定未来十年的里程碑，因为计划总是赶不上变化。而且每实现一个里程碑之后，我们都可以对后面的里程碑做审视和修订，确保下一个里程碑有足够的挑战性和战略意义，但不能太遥不可及，要让团队看得到一到两年内达到这个里程碑是有希望的。确保所有里程碑实现之后，公司的发展已经走上了正轨并达到一定的规模，而公司的绝大部分股权都已经分配给了有功之人。

动态股权分配时，对于每个合伙人的贡献点，我们都记在一个小本本上，或者在电脑上列一个表格，随时更新。对于每个贡献点的名称、适用对象、量化标准、记账时点，我们首先都要确认好。下面总结了对于贡献点的要素表。

确定贡献点的要素

明　细	要　求
名称	给贡献点取一个简短的名字
内容描述	详细描述一下贡献点的内容，清楚地表达其内涵。
所属分部	明确贡献点所属分部（仅适用于使用"分部分股"方案的公司）
适用对象	明确贡献点适用于全体合伙人还是某个岗位/部门的合伙人
贡献值的量化标准	如何计算贡献值
记账时点	什么时候确认登记
体现	如果可以提现——提现时效 如果不可以提现——不可提现

对于销售型的贡献点，我们以"促成销售业绩"作为标准，对于计算标准、记账时点、提现时限都有明确约定，具体要求如下表所列，供大家参考，值得说明的是，表中数据仅供参考，大家可以根据自己企业的实际情况，作出更加精准的调整。

贡献点"促成销售业绩"的要素表

贡献点的要素	内　容	说　明
贡献点名称	促成销售	——
贡献点描述	利用自己的努力、自己的人脉关系帮助公司促成销售，获得收入	——
所属分部	普通分部	此贡献点将用于分配普通分部的100万股
适用对象	全体合伙人	全体合伙人都可以用自己的人脉关系帮助公司促成销售，不仅仅是负责销售的合伙人适用
贡献值计算标准	销售额的5%	——
记账时点	收到货款	只要收到货款就应该在贡献值账本上记上一笔贡献值记录

续表

贡献点的要素	内容	说明
是否可以提现	是	该合伙人被授予该贡献值的时候，他有权选择要钱还是要贡献值。他甚至可以选择一部分要钱，一部分要贡献值，这完全取决于他是否看好公司未来的发展。公司也可以设计完全不可提现的贡献值
提现时限	记账时点1个月内	在记账时点一个月内，被授予贡献值的合伙人应该向团队提出提现意愿。如果没有在规定时限内提出，则默认不提现

对于业绩型贡献点，除了促成销售业绩外，中后台部门的贡献点，比如运营公司微信号、发展付费会员、获得融资，这些都可以计算贡献值的，下表供各位参考。

业绩型贡献点的举例

贡献点	贡献值计算标准
促成销售	销售额的2%
为公司发展销售渠道	销售渠道第一年销售金额的1%
运营公司的微信公众号	10元/粉丝
发展VIP付费会员	150元/人
为公司获得投资	投资金额的3%
获得一项发明专利	10000元/项
业绩年增长20%	按增长部分的2%

除了业绩型贡献点，合伙人可能会投入时间、设备、人脉关系、专利、办公场所，这些资源也可以作为贡献点，计算贡献值，具体列出下表供大家参考。

常见的资源型贡献点和贡献值小结

贡献点	贡献值计算标准
合伙人投入的现金	现金的金额
非执行合伙人投入的现金	现金的金额
全职合伙人未领取的工资	合伙人工资水平减实际领取的工资
合伙人投入的物资与设备	"购买"或者"租用",参照市价
人脉关系	人脉落实到具体创造价值的业绩贡献点上,由另外的贡献点核算
商标权	没有知名度的,按注册成本计算;有一定知名度的,参考以前的投入以及闲置的时间,团队协商评估,也可以按照销量计算"商标使用费"
著作权	建议以"版税"的方式计算贡献值
专利技术和非专利技术	能够脱离发明人的技术:评估专利未来给公司带来的价值;脱离不了发明人的技术:不计量,可以体现在该合伙人的工资中
创意和点子	没有价值的,不计算贡献值
办公场所	参考市场租金水平给个折扣价
兼职合伙人的投入	参考其提供服务的市场价格
以个人的资产为公司担保取得贷款	担保费用的市场价格,或者参照节省下的民间借贷成本

找好了贡献点和贡献值,我们应在贡献值账本上把这些一一列清楚,当然要对确认日期、相关会计凭证、记录类型及说明都清楚,贡献值账本如何填写?下表已经明确写明。

贡献值账本的要素表

明　细	要　　求
确认日期	列1:贡献值确认的日期
相关会计凭证	列2:把贡献值账本和会计账本联系起来,可以索引到对应的会计凭证

续表

明　细	要　求
记录类型	列3：本条记录的类型（计提贡献值、转股还是提现）
贡献点	列4：如果列3是计提贡献值的话，属于哪一个贡献点
说明	列5：对该项贡献进行描述
贡献值	列6：根据贡献点计算标准计算得到的贡献值
合伙人	该贡献值归属哪位合伙人

动态股权设计贡献点和贡献值，如果到了一定的兑现节点，如何来行权呢？也就是兑现成相应的股权或现金价值，具体价格如何设定？

在动态股权分配机制下，不是所有的贡献都应该设为贡献点，设定贡献点时，我们也要把握这些基本的原则。

1.如果有很多合伙人都可以参与的贡献，我们有必要把它设为贡献点

比如有人投钱，有人投入场地和时间，这些都可以设为贡献点，不能把一种很少见的事作为贡献点，比如把出书作为贡献点，这样就不公平了，因为不是每个合伙人都能出书。

2.如果这件事是某一个岗位职责之外的，可设为贡献点

因为岗位职责分内的事，是有固定工资来支付的，如果你是做美工设计的，还能写创意文案，就是贡献点了。

3.创造直接价值、效果可量化的，设为贡献点

比如你写公众号推文或小视频，给公司带来多少转化客户购买，这个就好量化，客户是通过你的链接下单购买的，这个可设为贡献点。

4.对一些超出预期的作一些奖励贡献点

比如原计划做一件事需要五个月，结果你只用三个月就完成了，这节省的两个月时间成本也能作为贡献点。

有人说自己有很牛的专利技术，想卖给公司，不知道能占多少股权。如果技术本身离开发明人后可以轻易实施，价格不能高。

合伙人可以共同评估一下专利对公司未来能够产生的价值，比如节省了多少成本，或者提高了多少产量，然后再协商一个价格进行转让。

对于一些太多细节没有披露或者太专业，离开发明人本人就实施不了的技术，不管是专利技术还是非专利技术，都不应该估一个高价来转让，给予高贡献值。

贡献值可能仅限于办理转让授权的登记变更费用。技术的价值其实应该体现在该合伙人的工资中，例如他是掌握了技术的合伙人，工资水平应该反映出来。而有的技术转让给公司后，可以独立地实施，不再依赖于该发明人。对于这样的技术，则可以参照市场价格来制定贡献值，但相应的该合伙人的工资水平不应该包含该技术，因为已经反映过了。

在核算合伙人投入的知识产权时，要以该知识产权发挥价值的时点作为核算的时点。不宜过早地核算确认知识产权的贡献。

如果公司的产品还在研发或者报批的阶段，离量产销售的阶段还有一定的时间，合伙人投入商标权的贡献则发挥不了其价值。这个时候不要急着接受商标的转入。

对于动态股权设计的经营要素，有的能直接标准化，有的只能间接标准化的，分别在下面两张表中呈现，供大家参考。

动态股权设计中能直接标准化的经营要素到位参考标准

经营要素类别	内容	标准化	到位参考标准
有形资产	出资	现金	支付到公司账户
	办公场所	特定的场地及使用期限	实际使用
	设备	特定品牌、功能及新旧设备的所有权或使用权	转让给公司或提供给公司实际使用
	房产	特定位置、存在价值的房产所有权	作为出资转让登记到公司名下
无形资产	专利	特定编号的专利或尚未注册专利的技术的所有权或使用权	转让登记到公司名下或签署协议授权公司使用，且公司实际能顺利使用；尚未注册专利的技术通过协议方式明确归公司所有或授权公司使用，且公司实际能顺利使用；针对转移所有权的专利或技术，应当交付完整的技术细节
	商标	特定编号商标的所有权或使用权	
	著作权	特定编号、内容的著作权的所有权或使用权	
业绩	销售业绩	考核期限内的营业额、毛利率、销售数量等	考核期限内的营业额、毛利率、销售数量等达标
资源要素	商家合作	谈定商家与平台正式合作，明确具体是怎样的商家，合作内容是什么，合作金额大小等	商家与公司签署合作协议并开始实质履行合同达到一定程度
	承包土地资源	与土地使用权者确定承包关系，明确土地承包的位置、类型及面积等	公司与土地使用权者签署承包协议
	技术研发	研发出达到某种级别或实现某种效果的技术	该技术能被验证且研发者交付了完整的技术细节

动态股权设计中能间接标准化的经营要素到位参考标准

经营要素分类	内容	具体化	到位参考标准
经营管理能力	经营数据	考核期限内的营业额、毛利率、销售数量、用户数、日活、开店数量等	考核期限内的营业额、毛利率、销售数量、用户数、日活、开店数量等达标

续表

经营要素分类	内　容	具体化	到位参考标准
产品	产品研发	开发出合格的产品	产品完成上市且无重大瑕疵，或产品实现多少销量
	选品	从各厂家中选出符合公司定位的产品	厂家与公司签署产品合作协议，且产品反响符合预期
资源	客户资源	介绍客户与公司进行交易，明确具体是怎样的客户，合作内容是什么，合作金额大小等	公司与客户签署交易合同或收到客户支付的交易款项
	融资资源	向公司推荐投资人	投资人向公司支付投资款

四、贡献值如何兑现？

创业企业要根据发展阶段及公司现金情况灵活运用贡献值的可提现性。不一定所有贡献点都可提现，也不一定要把股权机制和奖金机制打通，他们之间也可以割裂，把贡献点都设置为不可提现，这样可节省公司的现金开支。贡献点提现可分为三种形式。

1.在贡献点确认后一段时间内提现；

2.未结算时提现；

3.达到里程碑，要转股之前提现。

我们甚至还可以对公司进行保护性的提现安排：在公司现金充裕时才开放提现，避免公司陷入现金流危机。可以给提现提前约定一个窗口期很重要，这个有效时间过去了就不能再提现了。

这一措施主要是避免这种现象，即在公司看上去还不错的时候，都不提现，而发现公司发展不符合预期时，纷纷要求提现，加快公司失败的速度，让公司扭转局势的可能性降低。

动态股权分配机制不仅解决分配股权，而且还解决了发放年终奖的问题。为什么这么说呢？很多老板最头疼的就是每年发年终奖的时候，发多发少都无法让所有人满意。

我们设计贡献点提成的规则时，许多业绩型贡献点都采用了严格的"现金等价"原则量化，与现金可互换。每到年末时，可以把一些允许提现的贡献值提取出来作为自己的奖金。可全部提取，可部分提取，也可不提取。

这样，已经提现的贡献值就会被扣除，这就意味着当公司未来达到里程碑的时候，他们的贡献值少了，可以兑换到的股权就少了。

当合伙人看好公司的未来时，则会选择积累贡献值，未来可以转化成公司的股权，提现还是一个体现团队成员归属感和对公司认同感的很好指标。

如果在执行过程中，你发现某位合伙人对贡献值的态度是只要能变现就变现，那你要好好了解一下背后的原因。他可能不适合做个长期合伙人，而是一名普通员工。

言语不是内心最好的表征，行为才是。尤其是涉及金钱利益的行为，一般不会说谎。

动态股权调整的模式，无非就是股权先给后收还是先收后给两种方式。合伙人需要达到一定的条件才获得股权，我们称为股权兑现或成熟。

1. 先给后收模式

先把股权分给合伙人并工商变更，合伙人没完成任务时再收回对应股权，办理工商变更。

举个例子，比如某技术合伙人承诺一年内将研发出某项成果，公司同意给他5%的股权。结果一年内他并没有研发成功，那么他就要返还这5%股权，返还5%的股权可登记在股权激励平台，也可由大股东先代持，合适时再分配给新的合伙人。

2.先收后给模式

股权先由控制人或持股平台暂时持有，在每位合伙人达成具体贡献后，控制人或持股平台才将对应股权转让给该位合伙人。

举个例子，比如某电商公司负责销售的合伙人承诺某产品年营业额不低于3000万元，只要达到这个业绩，公司兑现他5%的股权，结果并没达到目标，所以他得不到这5%的股权。

这个模式可以这样考虑，就是前两年在分红、分成或奖金上略倾斜于非核心合伙人，让他们能获得超出股权的经济收益。

比如公司总共授予员工10%的激励股权，条件是必须在该公司工作满四年，10%的股权才能全部成熟。

每满一年，就有2.5%的股权成熟，员工可以选择行权（即以一个相对较低的价格购买）。这是一种常见的股权激励方式。

对于尚未成熟的股权，员工因未满足条件，所以对该部分股权不能享受权利，也就无须对此部分股权回购。而已经行权和尚未行权的股权之间的差别在于员工是否实际持有股权，在确定回购价格时，应当有所差别。

【做小结】

动态股权设计一定要有一个领导者，要让所有参与者觉得公平，体现每个人贡献的价值，要把目标、里程碑、贡献点、贡献值四大要素确认清楚，做好记录，及时兑现阶段性成果，对于行权价格，可以采用五种方式。

第二节　股权分配

【小案例】

经常遇到创业者询问我们股权到底怎么分配。西安的企业家伍总在进行股权分配时，考虑了自己跟合伙人、内部激励对象、外部投资人之间如何进行分配的问题。他的股权分配就是以"公司价值最大化"为中心，创业公司股权是最珍贵的资源，一定要保证自己作为创始人的控制权，通过动态调整股权，保证未来有分配的空间，我认为伍总的股权分配思想是很正确的。

【全拆解】

如果你决定创业，从公司成立那一刻起，就坐上了股权这副牌桌。创始合伙人之间如何进行股权分配，是创业企业首先遇到的问题。

一、合伙人股权分配有什么目的和价值？

合伙人股权分配的目的和价值主要表现在以下几个方面：

- 01 企业快速发展的基础
- 02 维护公司和项目稳定
- 03 有利于顺利融资
- 04 有利于掌握公司控制权
- 05 有利于IPO上市

1.科学的合伙人股权分配是企业快速发展的基础

股权分配不仅影响企业发展的快慢，而且决定企业的生死。企业一旦患上股权病就是致命的，秒杀其他一切优势，这种说法一点都不为过。

股权比企业的商业模式、资金、产品和人才都更为重要、更为根本。商业模式不好，可以重新设计；资金不足，可以想办法筹集；人才缺失可以想办法招聘，一旦企业的股权出了问题，特别是创始合伙人之间的股权出了问题，要想顺利解决，就没有那么容易了。

2.科学的合伙人股权分配有助于维护公司和创业项目稳定

现实中不少企业因为股权分配存在问题，导致合伙人之间大打出手，最终使得企业"车毁人亡"，比如大家熟悉的真功夫、西少爷都是典型的案例。

3.科学的合伙人股权结构有利于顺利融资

有一种说法叫作"投资＝投人＝投股权结构"，由此可以看出投资人对拟投企业股权结构的重视程度。所以说，一个科学、合理的合伙人股权结构有利于企业进行股权融资。

4.科学的合伙人股权结构有利于合伙人掌握公司控制权

对于具有快速成长潜力的企业来说，合适的投资人的加入能为企业注入腾飞的强劲动力。但投资人作为公司股东进入公司后，合伙人如何平衡与投资人之间的权利分配，如何在融资之后还能对公司具有强有力的控制权，则在一定程度上取决于企业成立之初的合伙人股权结构是否科学、合理。

5.科学的合伙人股权结构有利于IPO上市

《首次公开发行股票并上市管理办法》规定，"发行人的股权清晰，控股股东和受控股股东、实际控制人支配的股东持有的发行人股份不存在重大权属纠纷"。《全国中小企业股份转让系统业务规则》中也明确要求挂牌公司要"股权明晰"。即使全面实施注册制，股权健康、合理也是最基本的要求。

合伙人股权分配既然如此重要，在具体分配时要小心各种陷阱。

二、合伙人股权分配的十大陷阱

合伙人股权设计应尽早进行，许多创业公司容易出现的一个问题是

在创业早期大家一起埋头打拼，不考虑每个合伙人占有多少股权和怎么获取这些股权。因为这个时候公司的股权其实就是一张空头支票，大家都不在意，但随着公司的前景越来越清晰、公司的价值越来越大，早期的创始成员会越来越关心自己能够获得的股权比例，因为这与他的切身利益息息相关。

创业之初就要把合伙人之间的股权分配甚至整个公司的股权分配，包括未来股权融资、股权激励时的股权筹划设计提前做好，并且签署明确的合伙人协议和《公司章程》。

你在进行合伙人股权分配时，常见有十大陷阱，作为创业者一定要注意。

1.团队中缺少"老大"，或者说有两三个老大，谁都不服谁，公司很难快速形成统一的决策，影响公司发展。

2.缺少合伙人概念，以合伙人的名义招团队成员，但还是创始人一言堂，其他人敢怒不敢言，公司发展肯定受阻。

3.完全按照出资比例分配股权，没有考虑人力股的重要性。罗辑思维项

目早期申音占股83%，罗振宇占股17%，但罗振宇的人力贡献占绝大部分，最终肯定导致分家。

4.缺少股权分配协议，先合作起来，或者想当然就分出股权。这是我们日常咨询案例中最常遇到的情形。

5.合伙人股权没有退出机制，刚创业怕说了没有面子。事实上开始不说，越到后面产生纠纷的可能性越大，更加不可收拾。

6.外人对企业投资了90%以上的资金，结果外人控股了公司，这是典型的以资金资本为王的做法，人力资本的价值完全没有体现出来，这样的创始人还有什么前景可图。

7.给兼职人员发放股权，因为他是技术大牛，创始人给不了他钱，只能用股权来代替，这些最终都会导致合伙人的很多风险。如何防范兼职合伙人的风险？下表供参考。

兼职合伙人的风险与规避方法

风险类型	风 险	规避方案
项目风险	·增加项目失败风险	·明确全职时间 ·储备好备用人才
股权风险	·兼职合伙人可能想要超出他目前价值的股权 ·股权融资会遇到困难 ·难收回兼职合伙人的股权	·先只发工资不给股权 ·根据完成的绩效指标给股权 ·先给股权，违约收回
知识产权风险	·兼职合伙人的知识产权不归创业团队所有	·签署知识产权归属协议 ·进行合理规避或换掉不合适的合伙人
商业秘密风险	·兼职合伙人泄露或滥用创业项目商业秘密	·不披露或少披露商业秘密 ·签署保密协议

8.给短期投资者发过多股权，有的只是刚起步时投了一笔钱，完全没有参与任何管理，后面公司价值越来越大，但这位短期投资者获得分红后，也一直不想退出，这对于引进更优秀的人才和投资者是不利的。

9.不给未来员工预留股权，先走一步算一步，没有长远的规则，如果公司只是赚点小钱无所谓，但如果要登陆资本市场，一定要有前瞻性的规划。

10.配偶股权没有退出机制，认为公司是拿爱人名字一起注册的，何必分你我。其实这完全是把个人财产与公司财产混同了，一旦离婚了，股权就会产生分割。

各位企业家，对比一下，你自己踩了哪些陷阱？

三、股权分配的实用技巧

很多企业家总喜欢说这样的话，我们是平台和团队创业，跟着我一起创业，一起来打造百亿、千亿上市公司吧！大家都是聪明人，你觉得这样空喊口号有效吗？

如果没有白纸黑字地制定分配规则，可以说创业还没开始就注定股权激励要失败。因为只有创始人自行许诺，而对创业初步成功后如何激励、落实怎样的激励制度、每个核心员工预期获得多少利益等内容，都没有形成文字规则，直接导致的结果就是大家的期望与现实差距太大，由此使得激励失去了准则。

虽然大多数企业家并不会严重失信，但由于缺乏股权激励的经验，很容易导致激励方案失去规则约束。在与合伙人规划股权合作方式时，我们总结了一些很实用的技巧，你与合伙人谈股权前，可以先模拟一遍分股权的整个过程。

1.先跟合伙人充分沟通好，确认一些重要的共识后，再准备合伙协议，关于钱的问题，最好说得越细越好，不要怕碍于面子不说。

2.避免利益直接冲突，建议可以引入一个中间人作为你们之间的润滑剂，可以找双方都信得过的中间人来协调。

3.千万不要听一些短视频，直接套用所谓的股权合伙协议模板，比如开公司前一定要签好五大协议，这些协议的模板你们关注微信公众号"创投智达"都可以免费获得。

4.如果你是重要的创业项目，建议聘请专业的股权律师来付费服务，术业有专攻，免费套网络上的模板其实是最贵的；即使你分完股权了，也可以继续查漏补缺、调整心态，不要一直静态不变，动态股权设计可以一直延伸到IPO上市。

5.如果你是小合伙人，也要注意你的股权到底有没有价值，是否值钱；要合理减少股权转让、交易过程中产生的税负，建议设立有限合伙持股平台。

6.综合考虑人力、资金、技术、资源对企业的价值，依据企业的性质以及股东协商的结果进行划分，以下比例可以供大家分配时参考，但不是唯一的标准。

（1）技术驱动型企业，股权结构可按30%的资金股、20%的人力股、40%的技术股、10%的资源股进行划分。

（2）人力驱动型企业，股权结构可按20%的资金股、30%的资源股、50%的人力股进行划分。

（3）资金驱动型企业，股权结构可按50%的资金股、20%的人力股、30%的资源股进行划分。

【做小结】

股权分配是企业发展、团队稳定、掌握控制权、融资上市的重要手段，企业家要小心陷入按出资比例分配、给兼职顾问人员发放股权等陷阱，在股权分配前一定要充分沟通，不要按什么股权模板来操作，在股权分配时要考虑减少税负，对于技术型、人力型和资金型的企业，在分配时要有不同权重的比例。

第三节 夫妻创业

【小案例】

郭总之前在华为上班，积累了一些资金，在深圳买了四套房，算是价值几千万吧，后来自己创业一直需要持续投入研发费用，卖了两套房还勉强维护。由于没有融到资，他就打算卖第三套房，这下他爱人不干了，坚决要跟他闹离婚，郭总坚持一定要卖房不可。这下他爱人火了，决定通过律师打官司，把他之前卖的两套房也算进来，这下郭总彻底泄气了，没想到离婚分割财产对创业有这么大的影响。

【全拆解】

当你第一次要创业时，注册公司可能最先想到的就是拿自己爱人的身份证去注册，于是公司上面股东名字就夫妻俩，投资公司对于夫妻创业项目还是比较谨慎的，即使投资也会确保风险控制到位。

一、投资公司如何规避夫妻创业项目的风险？

夫妻一方在结婚前就已经成立了公司，婚后股权增值，比如原来股权价值100万元，现在价值1000万元，增值部分900万也属共同财产。

无论是婚前创业，还是婚后创业，在婚姻存续期间内股权价值增值的部分，一旦发生婚变，都会面临股权分割问题。

有人问，投资公司会投资"夫妻店"吗？投资公司会投，但相对谨慎，比如他们会在投资前，对夫妻双方性格、价值观、专业背景、分工协作等做详尽的调查。

如果夫妻在企业里有明确的分工，而且都能独当一面，各自的专业知识和能力有效互补，这样的"夫妻店"一般不会因为夫妻关系变化的原因而导致投资风险。投资公司在跟夫妻创业者尽调时，会在投资协议谈判阶段时，从以下两个方面来规避投资风险：

1.明确产权。夫妻店纠纷的根本性问题就是股权分割问题，夫妻一方的股权比例必须低于33%。可以增加投资公司的投资比例，奖励给企业高管或者设立期权池等。

2.设置风险隔离墙。主要从五个方面进行隔离：

及时修订章程和各种规则　设立经营防火墙　利用投资特殊条款　通过持股平台持股　一致行动人协议或投票权委托

第一，及时修订公司章程、修订股东会、董事会议事规则，尽最大可能保证夫妻其中一方对企业重大决策、正常经营拥有绝对决定权。

第二，设立经营防火墙。投资者可要求夫妻签署协议，明确在夫妻纠纷处理期间一方不得干涉企业具体的生产经营活动，并实行人事冻结。

第三，利用投资公司某些特殊条款，限制夫妻纠纷对企业正常经营活动的影响，投资公司还可约定夫妻进行纠纷处理的时间期限，一旦超出约定期限，投资公司可要求夫妻、企业来回购投资公司股权或行使强制随售权等。

第四，夫妻双方尽量通过持股平台持股，避免对主体公司的股权变动。

第五，万一发生股权分割事宜，可以通过签订一致行动人协议或者投票权委托等方式，保障实际控制人不变，保障公司的稳定。

投资公司完成对企业的投资后,应立即着手规范夫妻企业经营管理行为,引入职业经理团队,加强制度建设、流程建设,把企业的决策机制、业务流程,通过加强投后管理逐步减少夫妻股东对企业经营影响,提升职业化管理水平。

对于夫妻创业企业,投资人可能会要求配偶签署一份《承诺函》作为交易文件的附件。主要条款如下:

本人为_____的配偶,本人确认对_____持有的_____公司股权不享有任何权益(注:前者为公司的创始股东),且保证不就公司的股权提出任何主张。本人进一步认可,_____履行股权投资相关文件的签署及修订、终止并不需要本人另行授权或同意。作为_____的配偶,本人承诺将无任何条件配合相关必要文件的签署。

这种防范措施,也是一种预防性的,事实上夫妻创业项目到一定阶段,会进行财产或股权的转移。如何合法地转移呢?

二、夫妻如何合法转移财产或股权?

在我们股权咨询案例中,夫妻感情破裂后,一方私自处置和隐匿财产的行为很常见,除了股权私自转让外,转移财产的行为主要还表现在以下四个方面。

1.一方在配偶不知情的情况下,将资产秘密进行转移。

2.把不动产、车辆等过户给朋友或父母名下。

3.由于大额人寿保单具有指向性,有人可能会利用特定条件去规避财产分割,产生财产隔离。

4.在离婚诉讼中通过伪造债务来增加夫妻共同债务,进而损害另一方的利益。

夫妻存续期间,股权中的财产部分是共同财产,但决策权和管理权却不是。夫妻之间可以自由转让股权吗？有一条法律原则是：受让人要"适用善意取得"才是合法的。

在法律上，夫妻之间存在着家事代理权。在股权转让时，如果要求受让人调查转让人的婚姻状况，对受让人来说无疑是一种负担，也妨碍了股权的自由流转。

因此，受让人"适用善意取得"是一条基本原则。受让人如果要合法取得股权，应当符合以下条件：

1.受让人应为善意受让人，如果知道转让人在处分权上有瑕疵，受让人不受善意取得的保护。

2.受让人需支付合理价款，如果价格有失公允，会被否定为善意取得。

举个例子，公司本来的股权价值1亿元，夫妻其中一方1000万就转让股权了，这个价格明显就是有失公允的，法院不会支持这样的诉求。

3.股权变更登记结束，股权以登记为准，只有在工商登记上完成登记变更，受让人才真正取得了股权。

夫妻创业存在财产、股权转让的风险，所以投资公司在投资时，会要求夫妻签署相应的承诺函。

三、夫妻合伙人离婚后股权如何划分？

合伙人离婚了，配偶是否有权主张分割股权呢？可以从婚前股权和婚后股权两个方向来做判断。

一、如果是婚前拥有的股权

1.其中的被动收入和增值部分，离异配偶无权主张分割；

2.其中的主动收入和增值部分，离异配偶有权主张分割。

二、如果是婚后拥有的股权

1.如果是股份公司，股权转让一般采用平分的原则。

2.如果是有限责任公司，离异配偶主张分割公司股权需根据是否获得其他股东过半数同意而判断，采用"内部股东优先"的原则。

（1）如果是夫妻两人公司，工商注册丈夫持股70%，妻子持股30%，离婚后夫妻各分割50%。

（2）夫妻以一人名义与他人合伙。原则是"夫妻共有股权，离婚后一人一半"。进一步处理起来时就会比较麻烦，因为夫妻一方原来不是公司的股东，夫妻之间转让股份涉及公司其他股东的优先购买权。

举个例子，甲、乙、丙三人共同投资成立一家公司，甲持股50%、乙持股30%、丙持股20%。假设甲要和自己的妻子丁离婚，首先确定的是甲持股的50%，夫妻双方各占一半。但是，妻子丁不是公司股东，如何将这25%股权转让给妻子丁呢？再假设这部分股权的公允价格为50万元，就会有三种不同的解决办法：

第一种，如果甲愿意购买，则甲给前妻50万元购买，夫妻双方内部协议转让，这种做法最受法律保护。

第二种，如果甲不愿购买，但是乙、丙愿意购买，则购买方支付给丁50万元购买。

第三种，甲、乙、丙都不愿意购买，则甲向妻子丁无偿转让25%的股权。

但要注意的是，这种情况最好的办法是由甲购买，保持原有大股东的地位不变，否则，公司未来可能会出现"股权之争"的情况。

（3）夫妻两人共同与他人合股投资。首先是共同股权，离婚时一人一半。多出资的一方无偿转让给另一方，其他股东不存在"优先购买权"一说。如果夫妻之间不能继续共同经营，最好的办法就是退出一方将相应部分的股权转让，夫妻之间的另一方或者其他股东有优先购买权。

3.合伙制企业的夫妻共同股权处理

处理的办法与有限公司的方法类似。可以分两种情况：①夫妻双方都是出资人；②夫妻一方是出资人。

（1）夫妻双方都是出资人

双方离婚时，协商不一致的，合伙企业的财产份额按照一人一半来分割。

（2）夫妻一方是出资人

夫妻双方协商，可以将出资人在合伙企业中财产份额转让给另一方。但能否转让成功，必须征得其他合伙人的一致同意。如果其他合伙人一致同意，则接收方成为新的合伙人。

如果其他合伙人没有一致同意，又分三种情况来处理：

第一，不同意转让的合伙人愿意购买离婚合伙人的出资份额，则离婚合伙人退伙，夫妻双方分割转让得到的货币资产。

第二，不同意转让的合伙人，又不愿意购买离婚合伙人的出资份额，但同意该合伙人退伙或者退还部分财产份额的，则离婚双方获得部分退还财产，然后分割。

第三，不同意转让的合伙人，又不愿意购买离婚合伙人的出资份额，又不同意该合伙人退伙或者退还部分财产份额的，按照法律，视同"其他合伙人一致同意"转让，该配偶取得合伙人的地位。

总之，要正视公司创始人的婚变及其带来的财产纠纷，准备好相应的对策，把对策写进投资和重组的交易文件，规避潜在风险，使各方利益得到保证。

【做小结】

创业起步跟夫妻店有关，这样一定会引发系列的风险，投资人对于夫妻股权关系是有谨慎态度的，所以经过一段时间的发展，企业最好让其中一方彻底退出公司股东位置。夫妻离婚后，对于企业所产生的影响，重要的是对于股权划分等问题，需要具体问题具体分析对待。

第六章

控制权之战：科学分股控权的大布局

第一节 控制模式

【小案例】

江门做旅游的创业者赵总是用互联网思维来做的,刚起步就采用了众筹融资的模式,项目发展得还可以,后面竞争压力增大,为了快速获得优势,赵总多次融资,自己的股权最终只有25%了。由于股权很分散,在公司发展的话语权上,他对公司治理丧失了控制权,失控后的公司发展也不顺,赵总最终被前几大股东架空了,被迫离开而黯然收场。

【全拆解】

创始人可能会更专注业务或产品,而忽略了公司治理设计,尤其是股权控制权,大多是通过口头协议、友情关系等进行相互约束。一旦公司发展壮大,很容易发生利益冲突,这往往是决定公司前途和命运的严峻时刻。

企业创立之初,就需要考虑股权控制权问题,包括设定合理的股权结构,包括设定准入、退出、回购、对赌和股份反稀释等机制,避免后续产生不必要的风险。

一、控制企业表现在哪几个方面?

创始人控制企业除了法律上的控制,经营上的控制,还包括资源和文化上的控制,这两点很多人都没在意。

1.法律控制

掌握控制权最常见的就是67%、51%、34%等几个控股比例。当然还有股权代持、持股平台、投票权委托、一致行动人协议、AB股等方法。

2.经营控制

就是在经营层面，对公司的财务、人事、营销等部门的重要人事任免权，掌握公章和证照等。

3.资源控制

资源控制是指通过掌握企业经营必需的核心资源来控制企业。核心资源比如重要配方、商标、专利权、公司域名、采购渠道等。

4.文化控制

文化控制也称思想控制，它是思想的力量、企业文化的魅力。任正非说过，他会牢牢把握华为的思想权和文化权。

企业在不同控制权模式下，比如单一控制人、合伙人、AB双重股权等，控制权的表现形式也有很大差异，下表进行了对比。

不同控制权模式下的控制权表现形式

表现形式	股权至上	合伙人制度	双重股权结构	利益相关者
控制权安排模式	同股同权	不平等投票权	不平等投票权	控制权分享
控制权是否分享	股东独享	股东与创业团队控制权状态依存	股东与创业团队控制权状态依存	控制权在不同利益相关者之间分享
信息不对称	信息不分享	信息分享	信息分享	信息分享
合约不完全	风险不共担	风险共担	风险共担	风险不共担

续表

表现形式	股权至上	合伙人制度	双重股权结构	利益相关者
管理团队事前组建	否	是	否	否
公司治理机制前置	否	是	否	否
短期雇佣合约/长期合伙合约	短期雇佣合约	长期合伙合约	长期合伙合约	长期合伙合约

企业刚开始可能是夫妻店或者单一控制人，随着企业发展，会有不同的股东加入企业，大股东如何在企业股权变化中强化自己的控制权？

二、大股东如何强化自己的控制权？

公司刚开始缺钱，引进一些小股东，对前期发展是有利的，但是后面小股东在外面兼职，不参与管理，还整天要求分红。大股东如何强化自己的控制权呢？可从以下三个方面强化。

1.在章程中明确约定小股东如果从公司离职，应当将股份强制优先转让给其他股东，对于已经不在公司的小股东，法律允许章程对其作出股权约束，因为立法的本意是"公司的生命高于股东的利益"。

2.大股东可以和小股东签订股权代持协议，由大股东为小股东代持股权，这样做最大好处就是避免了工商登记变更的麻烦，也避免了公司在增资时，小股东恶意不签字导致项目搁浅的问题，还可以规避小股东频繁使用知情权、恶意查账的问题。

3.如果大股东持有公司三分之二表决权，在公司章程没有特别约定的情况下，大股东有权召开股东会通过增资的决议，即使小股东反对，增资依然正常进行。

增资决议中一般会约定原股东有权按照出资比例认缴新增出资，小股东如果没有能力跟随增资，小股东的股权会进一步被稀释，小股东股权下降后，他们在董事会的人数会进一步下降，大股东的控制权会进一步加强。

三、控股权等于控制权吗？

不少企业家说，我是公司的老板，我有最大的控股权，所以我对公司有绝对的控制权。其实控制权并不等同于控股权，控制权还包括股权拥有权、重大事项表决权、控制公司资产、财务支配、技术开发、员工流动、客户变动等权力。

公司控制权主要体现在以下七个层面：

1.持股控制，股东大会是公司最高的决策机构；

2.持股平台控制，有的是以持股平台来控制的；

3.回购权控制，投资人要求股东对企业进行改组，控制企业发展；

4.提名权、罢免权控制，决定董事和总经理的任命；

5.董事会控制，可在公司章程或股东协议中约定董事会成员委派事宜，从资本占比角度考虑，持股比例只有10%的股东无权委派董事；

6.管理层控制，公司章程或股东协议中约定管理层的委派权；

7.公司印章、证照控制。

创业控制公司不一定成功，但你失去控制权必然失败。公司是否存在控制人，可从两个层面来评判：一是创始团队内部有没有人处于控制地位；二是相对于创始团队外的其他股东，创始团队有没有处于控制地位。

确认控制人过程中的两个注意事项：一是此处需被判断价值的经营要素，不是指某位合伙人有能力提供的经营要素，而是该合伙人既有能力提供，同时也愿意提供的经营要素；二是要结合自己项目的特点综合判断合伙人是否适合作为控制人。

举个例子，两家公司合资成立新公司，各占股50%，谁才是新公司的老大？谁又来合并财务报表呢？谁具有控制权？

很多企业家不在意公司章程，随便找个模板就注册了，一旦涉及法律问题，它就是最具有法律效力的那个文件。

1.董事会的构成都是单数，比如5个人、7个人、9个人。看哪一方董事占半数以上，那么哪一方就控制了董事会。

董事会对重大事项投票表决时，占半数以上的那方占优势。不过前提是董事长不能拥有一票否决权，如果董事长有一票否决权，那么谁是董事长就很重要。

2.公司日常经营管理是不通过董事会的。CEO和CFO至少有一人是你派遣的，你才能有控制权。如果你只有49%的股份，但是拥有董事会控制权，还具有董事长一票否决权，同时CFO、CEO中还有一人是你派遣的，即使对方占股51%也没用。

常见的公司控制权包含了四个主要权力：控股权、控制权、经营权和分红权。

你可多让给对方合伙人一些分红权。让他们多拿些分红，未来合资公司分红不是五五开，而是你拿45%，对方拿55%。对方可以多拿10%的分红，那么控制权就给了你。

四、如何做好新经济企业的公司治理设计？

现在创业的很多企业都属于新经济企业，这类企业的公司治理设计有一些新的特点和要求。传统意义上，任何公司治理制度安排都不能离开对投资者权益保护这一公司治理的逻辑出发点，我们要从"确保投资者按时收回投资，并取得合理回报"这一基本的公司治理目的出发。但是新经济企业公司治理制度安排需要遵循的基本原则是，在鼓励创业团队主导业务创新的组织设计与保障外部分散股东权益之间进行平衡，而不是一味地追求投资者的权益保护。

新经济企业公司治理的目的并不应该像传统企业公司治理的制度设计那样，实际出资的股东"为了控制而控制"，更不是一味"防火，防盗，防经理人"。

我们应该如何为新经济企业设计公司治理制度呢？

第一，在股东大会上，投票权的配置权重向创业团队倾斜，成为新经济企业基本的公司治理构架。看似不平等的"同股不同权"框架却通过带给外部投资者更多的回报，来补偿其丧失控制权的"荣誉"损失，在一定程度上实现了收益的"平等"。

通过形成投票权配置权重倾斜的治理构架，创业团队和股东之间实现了专业化深度分工。在双重股权结构下，一方面创业团队通过持有A类股票掌握控制权，专注业务模式创新；另一方面外部投资者则把自己并不熟悉的业务模式创新决策让渡给创业团队，从而使自己更加专注风险分担。

无论是签署一致行动协议还是发行双重股权结构股票，新经济企业所形成的投票权配置权重倾斜的治理构架属于事前的公司控制权安排，需要在IPO时发布的招股说明书中予以充分信息披露。相比在董事会中实际控制人事后超额委派董事等加强公司控制的行为，上述投票权权重倾斜的治理构架道德风险倾向要小得多。

第二，尽管在股东大会上投票权的配置权重向创业团队倾斜，但新经济企业创业团队将受到来自私募投资机构和大股东的协议制约。事实上，在一些发行双重股权结构股票的新经济企业中，部分私募投资机构本身持有一部分投票权配置权重倾斜的股票。

第三，除了受到来自私募投资机构和大股东的协议制约，来自创业团队内部的制衡和监督，同样是一种避免投票权配置权重倾斜可能导致对外部分散股东利益损害的公司治理力量。

第四，在董事会组织中，以来自外部、利益中性和注重声誉的独立董事为主，同时董事长在签署一致行动协议的成员之间进行轮值，避免出现

"一言堂"和内部人控制的局面。与经理人职业发展关联更为紧密的内部董事如果向董事会议案进行挑战，其成本通常远高于来自外部的、兼职性质同时更加注重声誉的独立董事。

第五，与传统企业相比，新经济企业将面对外部分散股东更加频繁地"以脚投票"。传统上"以脚投票"是公司治理实践中维护股东权益"最后的武器"。这一招有时看似无奈，却往往很致命。由于投票权配置权重倾斜构成对外部分散股东权益的潜在威胁，以及创业团队与外部股东围绕业务模式创新的严重信息不对称，与传统企业相比，独角兽企业股价波动更加频繁，波动幅度更大。

所以，我们在设置公司机构时，要考虑到控制权、分红权等核心权利因素。

【做小结】

股权有稀缺性、稳定性和管理属性三个特点，控制企业主要从法律、经营、资源和文化四个层面，大股东想强化控制权，可通过股权代持、增资等方式，控制权主要包含了控股权、控制权、经营权和分红权四个方面，所以有控股权并不代表就一定有控制权，它只是其中一个。

第二节　股东权利

【小案例】

　　一个从国有企业退休的技术总工，研发了输电线防雷的产品，有专利权60多项，技术领先性也不错，他成立公司想做大这个产业。于是招聘了销售、运营、服务等岗位的人员，由于之前在国企有很高的声望，他对这家新公司也有绝对的话语权，大家基本上都听他的指挥与安排。后面有投资人进入公司，建议他招聘一些年轻人来担任副总，但他不听，说自己在所有事项上都有一票否决权。公司发展到一定阶段，有影响力的投资公司也想投资，但他始终觉得公司是自己的，不能随便听资本的指使，最终公司错过了最好的发展时机，始终没有做大做强。

【全拆解】

　　作为公司的股东，理应拥有法律赋予的各项权利，比如否决权、增资优先权、审计权、撤销权、知情委托权等，但如何正确行使这些权利，是需要我们企业家在资本运作这场牌局上，打好股东权利牌的。

一、如何设计创始人的"特别否决权"？

　　创始人的"特别否决权"是为摆脱控制权困境提供的一种新思路。公司章程中规定"不按出资比例行使表决权"本来就具有法律基础。

对于《公司法》规定的例如解散事项等股东法定权力，或者在公司法的强制性规定条款下，则创始股东的"特别否决权"不能适用。

所以，设置创始人"特别否决权"，应防止边界模糊。

对于公司的对外投资、担保、高管自我交易等事项，《公司法》将决策机关的确定交由公司章程自行规定，上述事项应由股东会还是董事会进行决议，应该在公司章程中作出明确规定，以防止边界模糊带来不必要的纠纷。

创始人的特别否决权，应尽可能规定在公司章程之中，并进行工商登记备案。具体表现在以下几点：

第一，表决权可以不按照出资比例行使，股东之间可以按照影响力重新分配表决权，例如，出资比例20%，但可以享有60%的表决权。

第二，重大事项增加表决权比例，如对于撤换公司的法定代表人、董事长等，要求必须达到三分之二以上表决权的比例才行。

第三，对于重大事项表决比例，还可以提高，比如要求五分之四以上表决权通过。

第四，如股东之间对某一股东特别信任，可以赋予该股东重大事项一票否决权。

除了创始人的"特别否决权"，董事会也有"一票否决权"。

二、如何设计董事会的"一票否决权"？

董事会"一票否决权"的设置不仅是董事会的规则制定，更是公司控制权之战的一把利器。设置"一票否决权"时可把握以下几点。

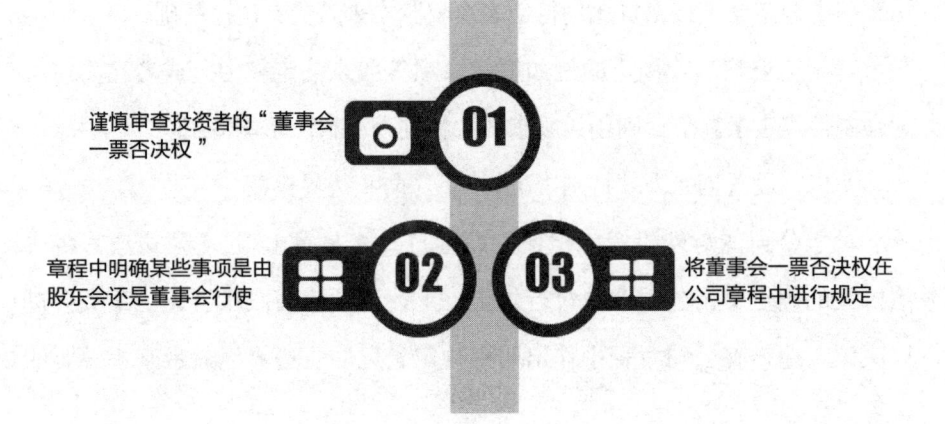

谨慎审查投资者的"董事会
一票否决权"　　　　01

章程中明确某些事项是由　　02　　03　　将董事会一票否决权在
股东会还是董事会行使　　　　　　　　公司章程中进行规定

1.公司应谨慎审查投资者的"董事会一票否决权"。对于投资方要求其派出的董事对董事会所有事项具有"一票否决权"，公司应勇敢地说"不"。因为一旦同意投资者的上述要求，则意味着投资者将全面掌控公司，创始股东则面临"被边缘化"的风险。

2.在章程中明确某些事项是由股东会还是由董事会行使，避免边界模糊。

3.应将董事会一票否决权在公司章程中进行规定。如果董事会一票否决权仅仅是在约定与投资协议中，却并未在公司章程中进行规定，由此带来的风险是在《投资协议》中约定的"一票否决权"条款仅对签约双方有效，并不具有公司章程的作用。

总之，无论是投资者的"董事会一票否决权"，还是创始人的一票否决权，应尽可能规定在公司章程之中，并进行工商登记备案。

公司在不断发展过程中，除了向外部投资机构融资，也可向内部股东增资，这就涉及股东的一项优先权。如何设计增资中的优先权？

三、如何设计增资中的优先权？

简单来说，增资中的优先权就是公司要增资，内部股东是有优先权。

正确行使增资的优先权,对于股东权利具有重要意义,如何正确行使优先权?笔者有如下建议,仅供各位企业家参考:

1.应积极参与增资的股东会议。如果增资议案在股东会中已有三分之二以上表决权通过的,则须考虑是否行使优先认缴权,并可以在股东会议中当场提出想行使优先认缴权的意思。如果某股东放弃该增资的优先认缴权的,则需向公司明确表示,以避免纠纷。

2.可以提起股东会决议无效或者撤销之诉。股东如果发现增资的股东会会议存在决议无效或者撤销的情形,则可以直接向法院起诉,要求认定增资的股东会决议无效或者可撤销。对于侵犯股东优先认缴权的股东会决议,股东也可以认定该部分决议侵犯其优先权而要求法院认定无效,从而为股东自己行使优先权做好铺垫。

有限责任公司和股份有限公司对于定增操作是有不同差异的。

有限责任公司和股份有限公司定增操作之差异表

	有限责任公司	股份有限公司
股东会决议基数	代表2/3以上表决权的股东同意	出席会议的股东所持表决权的2/3以上通过
决议内容	增资对象、增资数额及其价格	(1)新股种类及其价格; (2)新股发行起止日期; (3)向原股东发行新股的种类及数额
优先权	原股东享有按实缴出资比例优先认购增资的权利	原股东无优先权
是否实缴	认缴	实缴

四、如何设计股东的约定审计权?

股东行使知情权,司法审计不属于知情权的法定范围,在章程未规定的情况下，股东要求审计的主张不被法院认可。

股东该如何约定审计权呢？

1.在公司创始阶段，创始股东之间通过公司章程赋予股东以审计权。

2.股东在进行股权投资阶段，需要对于目标公司财务有一个长期的全面了解，此时则需要在公司章程中约定股东有权对公司财务进行审计，以保障股东对于公司经营状况和财务状况能全面了解。

3.公司章程设计中，可参考以下审计条款："股东具有单方审计权，在每一会计年度，股东有权单方委托专门审计机构对公司进行审计并出具审计报告。"

如果你不再是公司股东了，发现你做股东时的公司有侵害到你的利益，你还可以针对你持股期间的信息，行使查账等知情权吗？

《最高人民法院关于适用〈中华人民共和国公司法〉若干问题的规定（四）》规定，退股股东可以针对持股期间的特定信息行使知情权。

1.建议你在退出之前，先行使一次股东知情权，将相关的所有资料全部复印留档。

2.股权转让之时你要做一次严格的审计，明确审计结果是股权转让价格的定价依据。

3.你退出公司最好是逐步的，不要一次性全退，宁可少拿点现金，留个股东身份在，也是一种制衡。

除了审计权外，股东还有撤销权，如何行使呢？

五、如何行使股东的撤销权？

公司侵犯了股东的权利与利益，股东就可以依照公司章程对公司提起诉讼。新、旧股东都必须遵守公司章程的规定并对公司负有义务。若股东违反这一义务，公司可以依据公司章程对其提出诉讼。

股东只是以股东成员的身份受到公司的约束，如果股东是以其他身份与公司有关系，则公司不能依据公司章程对股东主张权利。

如果一个股东的权利因另一个股东违反公司章程规定的个人义务而受到侵犯，则该股东可以依据公司章程对违反章程规定的股东提出权利请求。

如果有股东违反对公司的义务而让公司的利益受到侵害，则其他股东不能对其直接提出权利请求，只能通过公司或以公司的名义提出。

股东会决议撤销错过60天内起诉的黄金期限，将会前功尽弃，所以要行使撤销权时必须及时。

1.在召集股东会的程序中引入专业律师

大股东和控股股东虽然有绝对控股优势，但并非在公司治理上能为所欲为，如果在召开股东会议的程序上不引起重视，则可能酿成大错。

要重视股东会会议的召集程序和决议等事宜，为了避免因股东会召集程序的瑕疵或者决议内容违反章程而被撤销股东会决议，建议公司在召集股东会的程序中引入专业律师，由专业律师对股东会的召集、决策等提供全程的法律建议，确保举行一场既完美又合法的股东会会议。

2.准确选择诉由——无效还是撤销

公司决议的无效和撤销，取决于决议内容是违反了法律、行政法规还是违反了公司章程。

如果公司在诉讼中选择错误的诉由，则会产生不同的法律后果。例如将可撤销的案件诉请无效，则可能面临被法院驳回起诉的后果，最重要的是，错过了决议撤销须在60日内起诉的黄金期限，最终会因为错误地选择了无效之诉而丧失了可撤销的权利。

股东除了行使撤销权，还可以行使知情委托权。

六、如何行使股东的知情委托权？

法律认可股东可查账，但同时对股东查阅权的行使设定了一定的约束性条件，比如要向公司递交书面的请求；在查账时要有合法的目的，并且要向公司明确说明。

那么，作为中小股东，我们该如何有效保护自身的知情委托权呢？建议从下面四个方面着手。

1.委托专业的第三方机构对公司的信息进行查阅，如果发现控股股东提供的信息有误，可以要求其提供真实材料。

2.通过知情权的行使获得公司的相关信息和证据，进而对股东会决议行使撤销权，或者要求公司进行分红，对于控股股东损害公司利益的，可以通过股东代表诉讼来维护公司的合法权益。

3.股东知情权诉讼胜诉后，法院会指定公司在指定的日期、指定的地点公布公司相关资料。

4.如果是抱着不正当的目的去行使知情权，对股东会有重大影响，主要是指股东有竞争性业务、股东对重要信息存在泄漏的风险，在这种情况下，公司有权拒绝股东查阅相关资料。

【做小结】

作为公司的创始人，不能把公司当作个人的私有资产，如果想走资本之路，一定会与资本产生博弈。也就是说，借着资本的力量，包括金钱与人力资源，不断加强公司的综合实力，做大做强，在控制自己控制权的同时，要合理运用"一票否决权"，而不是错误地理解成"一言堂"，公司的发展需要更加优秀的人才和资源加入，资本投资你的公司，肯定是希望把你的公司做上市，获得更高的回报，所以要科学运用好这些权利。

第三节　股东利益

【小案例】

刘永佳是在20年前在华强北做电子贸易的，赚到了几千万的原始资本，后面生意不好做，他也开始试着做天使投资人。刘总看到一家回收二手手机的互联网项目，创始人是计算机毕业的小郭，于是刘总就投了300万占股10%。由于华强北有不少是刘总自己的朋友，很多都使用了这个互联网项目，用户增速不错，看到项目发展不错，刘总想在第一年就要分红。于是问小郭，但小郭却说公司还要继续扩大用户量，现在肯定不能分红，还招聘了私域运营、投入广告宣传，刘总心里有点不愉快，心想没有自己投的300万，这个项目不可能发展到今天的规模。结果三年过去了，他自己一分钱也没有赚到，想要退出自己的股权，小郭却说公司根本没有钱，也没有利润可以分配，这让刘总进退两难。

【全拆解】

案例中的刘总，作为公司的早期天使投资人，只占股10%，确实是小股东，按道理说是可以查公司财务账，也有享受分红的权利，可是大股东小郭就是不答应，说公司没有钱，刚开始没有设定好分红的机制，这样对于小股东是很不友好的。

一、公司如何设计好分红?

很多创业者说自己一直有困惑,就是怎样做好公司的分红?总觉得怎么分都不会让大家都满意,问有没有什么好的方式?

下面为大家介绍三种主要的分红形式,供大家参考。

保底分红　增量分红　评估分红

1.保底分红

保底分红是指企业或股东承诺按照一定比例或固定的投资回报兑现分红,给予合伙人奖励,而不论企业业绩是否完成或达标。

在合伙人协议中规定大股东必须执行"保底分红"条款,即规定企业每年必须拿出一定比例的分红。举个例子,投资人向公司投资1000万元,占5%的股份,双方约定大股东要确保投资人每年保底收益率为其投资额的10%,即100万元,这就是保底分红协议。

2.增量分红

增量分红是指公司把超出目标利润的金额作为资金来源,分配给合伙人。

比如永辉超市采用的就是增量分红模式,合伙人奖金包是这样设计的:

门店奖金包=门店利润总额超额×30%

门店利润总额超额=实际值—目标值

门店奖金包上限：门店奖金包≥30万元时，奖金包按30万元发放。

例如，永辉超市某门店制定的本年度销售额目标为1000万元，利润目标为200万元。当年实际实现利润300万元，超出利润金额部分为100万元。按照合伙人奖金包的分配定义，门店奖金包=（300万元－200万元）×30%=30万元。这里的30万元便是增量分红的金额。

3.评估分红

又称考核分红，是指公司按照绩效考核制度，对事业合伙人当年的实际业绩进行评估，并依照评估结果给予相应的分红奖励。

这三种分红模式，你学会了吗？

二、小股东如何确保自身的利益？

由于小股东在公司所占股份比例小，有的还不参与公司实际的运营管理，所以损害小股东利益的现象时有发生，小股东事后维权成本过高，主要是合作之初没有约定好，尤其对分红要有明确而详细地约定，在公司章程中写明。

1.财务公开透明：财务人员每日将财务收支明细公示，股东对财务有任何异议，可书面或口头向财务人员提出，并由财务人员负责解释，直至提至股东会会议。

2.设置前置程序：公司正常预算之外的费用支出，须事先经另一名小股东口头或书面同意，如果股东人数较多，没有参与公司运营管理的股东可以委托一名股东负责对接。股东口头同意的，须在15天之内书面确认。未经确认的费用，由大股东自行承担。

3.财务异议的约定：股东可将年度财务报表提交会计师事务所审计，如审计后存在瑕疵，审计费用由财务人员和控股股东承担；如审计后没有问题，费用由提出审计需求的股东承担。

4.**关于分红的约定**：约定每年至少分红一次。如约定每次分红时间为次年1月31日之前。建议最好召开股东会，确定利润达到的标准，拿出多少比例来分红。这也是很多股东产生矛盾的原因所在，事先没有具体约定好分红的标准。

5.**股权回购**：满足《公司法》第七十四条规定，异议股东要求公司回购股权，并对回购的价格做出约定。

一般来说，小股东都势单力薄，和大股东因为分红的事情，常常会闹得不可开交，有的甚至大打出手，有哪些法律途径可以解决小股东分红利益的问题？

1.小股东可以要求查账，如果对方拒绝，可以向法院起诉，起到敲山震虎的作用。

2.持股10%表决权的股东可提请召开临时股东会，但大股东或者控股股东控制了股东会，就控制了公司的"分红权"。因此，此种方法收效甚微。

3.可向法院起诉要求分红，需要提供能够证明公司符合分配利润的条件，但大股东可能会滥用权利故意不给小股东证据。

4.如果公司连续五年盈利且符合法定的分配利润条件，可要求公司回购其股权。

以上方式都行不通时，小股东只能通过转让股权退出公司。

三、小股东如何保护自己的异议股东回购权？

公司大股东在转让主要资产时，可能对小股东是信息不对称，这样就损害了小股东的利益，此时小股东可以觉得股权回购有异议，要求股东会开会审议，通过下面的方式来保护自己的异议股东回购权。

1.无论如何强调公司章程都不为过。为避免公司转让主要资产等情形时不通知股东开股东会，股东可在公司章程中约定，如果股东非因过错未能参加股东会进行投票的，未参加股东会的股东对相关决议提出明确反对意见的，其有权请求公司以合理价格收购其股权。

2.对于小股东来说，当出现《公司法》第七十四条事项需要决议时，只有小股东投了反对票，才有权要求公司回购股权，而小股东弃权的情况下，是无权要求公司回购股权的。

3.在小股东行使回购权时，需要特别注意两个时间点：自股东会会议决议通过之日起60日内，股东与公司不能达成股权收购协议的，股东可以自股东会会议决议通过之日起90日内向法院提起诉讼。

四、小股东如何预防大股东恶意增资？

公司发展过程中，大股东与小股东之间的矛盾互相交织着，常见的有大股东恶意增资，此时小股东有哪些救济途径？

1.向法院要求确认股东会决议无效、决议可撤销、决议不成立。

2.大股东恶意增资稀释小股东股权时，经常会故意隐瞒小股东而单独召开股东会，或者故意将增资股东会的通知送达到小股东已失效的地址，甚至伪造小股东签名进行增资。小股东可向法院起诉要求确认股东会决议具有瑕疵。

3.要求将被稀释的股权比例恢复原状。当恶意增资的股东会决议被认定为决议无效、决议可撤销，或者决议不成立时，被侵害股权的股东可要求将自己被稀释的股权恢复原状，即恢复到增资前的持股比例。

【做小结】

作为公司的小股东，对于公司的发展也起到了不同的作用，理应享受公司的利益，但是由于所占股权比例小，在公司的话语权也小，大股东不让小股东知晓太多公司内部的真正情况。对于分红的要求，大股东是不想轻易答应的，这样就需要对于分红的机制提前做好规划，比如保底、增量和评估三种方式。当小股东对自身利益受侵害时，要设置一些前置程序，对于财务异议的处理规则要制定订好，尽量做到财务适当公开，这样才能把公司做大。

第四节　股权代持

【小案例】

黄哥之前在某银行工作，看到前海有一个创业者在做征信类的项目，于是投资了这个项目，500万占股20%。因为看好这个项目，而且他自己也有一些客户资源可以给到这个项目，但是由于特殊的资源关系，他的名字不能出现在公司的股东名单上。于是找到他的表弟做代持，他表弟由于没什么工作，把这份股东的工作当作是自己真的投了钱，常去项目公司指指点点，还参与一些重要的决策会议，项目创始人马总对这位表弟"股东"也没办法，常常发生一些不愉快的事。

【全拆解】

上面的案例中，表弟是显名股东，但真正的股东是他表哥。企业资本运作过程中，有时候有些股东不方便出现在公开的股东名单中，就找人代持他的股权。

一、股权代持有什么作用？

股权代持又称隐名投资，是指实际出资人出资认购公司股权，但在公司章程、股东名册和工商登记中却记载他人名字或名称的投资行为。

一般而言，股权代持有下列作用：

1.规避股东人数方面的限制。在设立公司时，公司法对公司的股东人数进行了限制。为了规避该法律规定，公司设立时由某几个人，如工会主席、中层干部代持其他隐名股东的股权。

2.规避公司股权限售期的规定。主要是上市公司的大股东、董事、高级管理人员，由他人代持股份，以便公司上市后早日套现。

3.享受优惠政策。外商、应届毕业生等特殊群体可以享受优惠政策，某些不符合优惠政策的投资者为了享受优惠，将股权登记在特定的群体名下。

4.特殊主体规避法律或避嫌。例如，投资者或投资者的近亲属是公务员，为了规避法律或掩人耳目，也找他人代持股权。

5.避免公司股权变更手续。有些企业为了维持股权结构相对稳定，避免频繁变更股权登记，对于新进入的投资者并不显名，而由老股东代持股权。

6.避免产生关联交易的嫌疑。

7.推行员工激励计划的需要。

8.保护商业秘密，对于一些敏感技术不便展示出来。

9.怕露富。影视明星、娱乐明星开设公司，一般会由他人代持股权。

10.简化公司治理结构。在股东数量众多的情形下，如果每个股东都参与公司的治理，将会增加公司的治理成本。

隐名股东找人代持股权，但有时候也要体现自己的股东地位与作用，如何证明呢？

二、隐名股东如何证明自己的股东地位？

股东在委托他人进行股权代持时，尽量避免"口头代持"的方式。当隐名股东打算从幕后走到台前时，要向公司证明自己才是真正的股东。

1.向法院证明你们之间具有合法的股权代持关系，而如果显名股东对代持关系否认的话，隐名股东如果不能证明"口头代持"的存在，则很难胜诉。

2.隐名股东须和显名股东之间签订书面的《股权代持协议》，双方应对股权代持的权利和义务进行详细的约定。

3.隐名股东须注意保留和整理证明代持的证据。股东采用"口头代持"约定的方式时，须注意保留相关的证据，如果股东起诉时无法提供证据证明，则可能面临不能举证的败诉。

故隐名股东须注意保留这些证据：

①双方对于代持关系的录音、录像、微信记录；

②缴纳出资的转账记录；

③享受公司分红的记录；

④公司就股权代持关系认可的股东会会议记录；

⑤相关《补充协议》等。

3.怎样正确做好股权代持?

企业在资本运作过程中，非必要股权尽量不要代持。特殊情况下必须要代持的，应变更登记到自己名下。签署清晰的代持协议，保留出资证据，表明代持关系，写明双方的权利与义务。

1.对于禁止代持人哪些行为，有无报酬，报酬如何计算等等，都要在代持协议中约定明确。

2.只做工商登记层面的代持。除非不得已，否则应由投资人自己亲自行使所有股东权利，如参加股东会（可以以登记股东的授权代理人的身份在相关文件上签字）参与公司管理等。

如果隐名股东要请求确认其股权并登记为公司股东的话，法院要征求其他股东的意见，如果其他股东过半数同意隐名股东成为显名股东，则法院应支持过户，反之则不予支持。

3.被代持人还可以尽量屏蔽代持人与公司的联系。被代持人甚至都不让代持人了解代持股权公司的相关情况。这条不失为防止股权代持人侵权的有效措施。

4.如果被代持人从工商登记到公司设立、运作完全匿名，则更应随时关注公司动向，并注意代持人动向。实际投资人一开始就要根据代持协议的约定随时行使自己的权利，比如要求代持人随时通报公司情况，每月坚持看公司财务报表，看相关文件，等等。对代持人的任何异动，要保持警惕。

5.在隐名股东向显名股东交付出资款时，应当采取银行转账的方式。如果采取现金交付的方式，一旦隐名股东否认，法院会对现金交付的真实性产生怀疑。在银行转账的时候，应写明款项的用途，例如，注明"某公司出资款""投资款"等字样，这样能和股权代持协议相互印证。

6.在显名股东的选择方面，尽量避免可能会有特定身份的人员。例如，有些人备考公务员，一旦考取公务员，则不宜继续代持。在受托人的财产和人品方面，尽量选择经济条件较好、人品较好的人担任显名股东。

7.尽量采取实缴出资的方式，让显名股东无后顾之忧。如果采取认缴出资的方式，也要尽量避免无法承受的高额出资。因为一旦遇到问题，风险是双方都无法承受的。

8.隐名股东事先要先征得其他股东显名的同意。因为需要其他股东半数以上同意，才能显名，所以隐名股东可以先征得其他股东的同意，这样在需要显名化的时候，就随时可以办理手续了。

9.在制定股权代持协议的条款时，应列明股东权利的行使规则，显名股东应依照隐名股东的指示行使股东权。如果公司召开股东会等会议，显名股东应当提前通知隐名股东。

10.为防止显名股东损害隐名股东的利益，还可以由显名股东出具股权委托书，授权隐名股东参加股东会，行使表决权。

11.将股权代持改造为其他类型的投资关系，例如，委托投资、股权投资信托关系等。委托投资关系在法律对股东资格有限制的时候，可以实现投资的合法性。

12.去做股权代持公证。在这一领域，公证机关抱有谨慎的态度，但各地公证机关的认识也不同。

总之，做好股权代持，要把各种可能的风险考虑到，提前签署好相关的协议文件，做好风险预防。

【做小结】

找人代持股权，对于隐名股东和显名股东其实都有风险，如何规避这些风险？下表列出了风险和规避策略。

股权代持风险与规避策略

股东类型	风 险	规避风险策略
隐名股东	·代持关系不成立 ·代持关系无效 ·无法登记为股东 ·名义股东不靠谱或意外导致损失	·找靠谱的人帮忙代持 ·签署合适的代持协议并留证 ·取得公司其他股东的认可 ·让名义股东的家属参与代持协议的签署
显名股东	·被要求出资 ·被要求承担债务 ·被隐名股东要求赔偿	·帮靠谱的人代持 ·签好代持协议 ·要求隐名股东先完成实缴出资 ·行使股东权利时取得隐名股东书面指令 ·不要滥用股东权利

了解股权代持的风险后，更利于科学严谨地做好股权代持，保护好双方的利益都不受损害。

第七章

股权融资：读懂投资语言，让融资快三倍

第一节　融资必备

【小案例】

我们现在常说创新创业和风险投资（创业投资，简称VC），其实最早的风险投资模式是西班牙王室靠变卖首饰攒了点钱，给哥伦布弄了四条小船去创办"发现新大陆"的项目。

哥伦布和西班牙国王谈的条件是，由哥伦布担任未来新发现土地的世袭总督，享有新发现土地财富和商业开发的利润分成。

西班牙王室就是一个VC投资公司，出钱让哥伦布去开发海外新业务，这个新业务西班牙王室也不懂，茫茫大海，也没法到现场去监督。

为了激励哥伦布，王室承诺他每开一家新公司，都让哥伦布当这个新公司的CEO，并给予这个公司发现的金银财宝的1/10分成，以及发现的地产经营（如港口贸易等）后产生利润的1/8分成。

这个案例就是典型的风险投资案例，哥伦布没有要求航海一次性给他多少报酬，而是直接要了股份收益，而西班牙王室居然同意了。

【全拆解】

上面案例中的激励方式非常成功，哥伦布发现了新大陆，西班牙王室开辟了殖民地，双方都赚得盆满钵满。我们作为创业者，要吸引投资人，首先要懂得融资有些渠道，是债权、股权还是项目融资？

一、股权融资、债权融资和项目融资的区别

经常听到创业者说他要融资,但还根本没有弄清楚股权融资、债权融资和项目融资三者之间的差别。

股权融资是公司及其股东通过直接向投资者出让股权来募集资金的融资方式。对融资方而言,有时候股权融资并不仅限于资金、资源、管理等方面的经验,同样也是融资方可以考虑的对价。

相较其他融资方式而言,典型的股权融资具有以下四个方面的特点:

1.股权融资完成后,目标公司及股东让渡一部分股权,而提供资金一方则成为目标公司的新股东,而非债权人;

2.股权融资筹集的资金通常作为公司资本金,无须还本付息,引入资金对应的回报率和是否能够获得回报,则取决于其所占股比、公司的经营是否盈利等因素;

3.股权融资中的投资人如果想收回投资,除非公司解散清算,否则只能通过转让股权的方式,而不得撤回出资;

4.股权融资完成后,目标公司的章程、治理结构,包括股东会和董事会等安排通常会发生不同程度的变化。

股权融资、债权融资和项目融资的区别

比较项	股权融资	债权融资	项目融资
资金风险	收益依公司经营而定	按期还本付息	资金风险随项目收益
资金性质	引入资金计入所有者权益	借贷资金计入公司债务	资金一般进行表外处理,可以是股权,也可以是债权
主体身份	投资人作为股东	投资人作为债权人	投资人可以是股东或债权人

续表

比较项	股权融资	债权融资	项目融资
对资本金影响	增加公司资本金	一是公司资本金不变，二是增加对外债务	只影响特殊目的载体的资本金
交易属性	权益类融资	债权类融资	非公司负债融资
资金使用期限	除非转让股权，通常与公司经营期限一致	相对固定期限，长短不一	通常时间伴随整个项目建设和运营期
风险分担	投资人承担风险	目标公司承担风险	由项目承担风险隔离和分散

现实交易中通常也不排除采用股权和债权相结合的融资方式。在一些大型的股权交易中，如基础设施项目和产业投资并购中，可能还会同时利用股权、债权以及项目融资三种组合等方式，去综合融资。

作为融资标的公司而言，股权融资是否到位受多方面因素的制约和影响，宏观方面如所处产业和行业、整体的市场环境等，微观方面如前期的商业计划书、商业模式、融资方案等内容。

同时需要考虑到的一点是目标公司进行股权融资时，有时候非资金的资源，比如引入先进和合适的管理经验，商业模式调整的建设性意见、产业链的整合等可能同样重要。

作为创新创业大潮中的一员，你的项目如果处于比较早期，自身资金实力有限，股权融资是首选途径，如何跟投资人打交道呢？

二、选择股权融资还是债权融资？

公司为新项目融资时，首先要考虑使用内部的盈余，其次采用债权融资，最后才考虑股权融资，就是按照"内部融资—外部债权融资—外部股权融资"的顺序进行。

1.债权融资的利弊

主要解决企业运营资金短缺的问题，而不是用于资本项下的开支。

债权融资的优势是随借随还、利息固定，债权人不用监督企业管理，可以减少因第三方参与管理沟通产生的管理成本。

债权融资的弊端在于企业要定期支付利息，到期归还本金，增加了企业现金流压力。

2.股权融资的利弊

企业无须还本付息，但新股东将与老股东同样分享企业的盈利与增长。

股权融资的优势是企业没有利息负担，没有偿还本金的义务，可以减少现金流支出。

股权融资的弊端在于投资人持股期间，需要持续不断地向投资人分红。分红的支出远高于债权融资的支出，这笔支出有时候代价比较大。

总体来说，如果企业未来盈利空间大，回报率远高于银行贷款利率，就采用债权融资。如果企业未来前景不明，风险较大且需要大额资金，则采用股权融资。当然，如果企业急需发展资金，投资方只想股权投资，那也只能采用股权融资，但也要约定动态的股权进入、成熟与退出方案。企业在不同阶段怎样找到匹配自己的投资人呢？

三、股权转让签订者要防止"阴阳合同"

我们在股权咨询的实践中，遇到股权转让的当事人为了规避纳税义务，他们会采用签订"阴阳合同"的做法，这样做其实存在很多法律风险。

1.股权转让双方盲目签订"阴阳合同"，存在股权转让协议部分条款无效，甚至整个合同被认定为无效的风险，而且容易引发矛盾和纠纷，打乱整个股权交易计划与进度，造成被动并可能给一方或双方造成损失。

2.签订"阴阳合同"逃避税收，存在被税务机关追缴相关税款及滞纳金，并处少缴的税款50%以上、5倍以下的罚款等处罚风险，情节严重的甚至可能会承担相关刑事责任。

3.在进行股权交易过程中，建议聘请专业的股权律师，甚至委托税务专家、财务人员来共同把关，精心设计交易结构和股权转让条款，合理避税而非违法逃税，避免造成不必要的损失。

总之，企业在资本运作过程中，税务风险这张牌一定要打好，否则将引发严重后果。

【做小结】

创业项目可以失败，但是遵守税法、依法纳税这是最起码的底线，创始人不能因为想节省费用就偷税漏税，这样会给个人的信用增添污点。你在一个项目上有法律的瑕疵，就会为以后的创业生涯扣分，所以在股权交易过程中，一定要聘请专业的律师把关，避免造成不必要的损失。

第二节 融资风险

【小案例】

美国留学回来的江博士创立了一个人工智能算法的项目，这项技术在世界上还是领先的。在找投资人的过程中，投资人对他的核心技术产生了浓厚的兴趣。其中有一个投资人余总对他尤其热情，可以说天天都往江博士那儿跑，还时不时请他吃饭，像学生一样总是很谦虚地请教他关于算法方面的问题。江博士以为余总真心想投资，所以毫无保留地把很多核心的技术都透露给他了。结果半年过去了，余总也没有投资他们公司。后来，江博士才发现余总投资了一家竞品公司，而且竞品公司里面的有些技术就是江博士透露的。江博士痛心疾首，却也无话可说，毕竟核心技术是他自己透露的，保密协议也没有签。

【全拆解】

创业投资也称风险投资，所以企业在资本运作大对决中，股权融资天生是存在风险的，无论是作为投资方的VC、PE机构，还是作为融资方的企业家，都要注意防范股权融资的风险，想到相应的防范策略。

一、股权融资风险及防范对策

创业如今通过股权融资是必经的阶段。但是股权融资并不是我们想象的没有风险，即使失败了也不用赔偿本金和利息。天下没有无风险的生意，股权融资也存在着一定的风险，主要表现在以下五个方面。

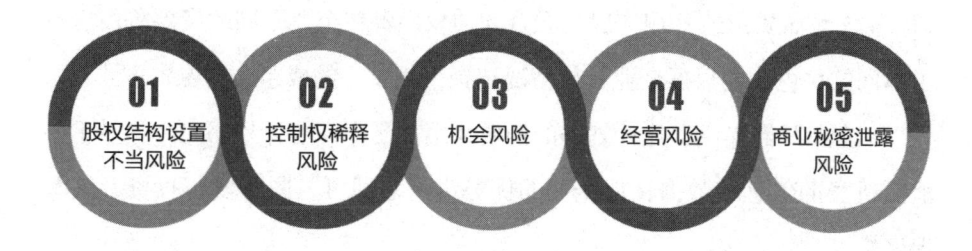

01 股权结构设置不当风险　　**02** 控制权稀释风险　　**03** 机会风险　　**04** 经营风险　　**05** 商业秘密泄露风险

1.股权结构设置不当风险。股权结构设置不好就无法解决股东表决权、分红权、控制权等问题，为公司的发展埋下隐患。

2.控制权稀释风险。投资者获得企业的一部分股权，必然导致企业原有股东的控制权被稀释，甚至有可能丧失实际控制权。

3.机会风险。企业选择了股权融资，可能会失去其他融资方式带来的机会。

4.经营风险。若创始股东在公司战略、经营管理方式等方面与投资者股东产生重大分歧，会导致企业经营决策困难。另外，大量权益资本的流入，可能促使企业的投资行为随意化，将企业经营陷于危险境地。

5.商业秘密泄露风险。企业在股权融资时，必须将企业的经营状况、财务状况等相关情况提供给投资者，可能使企业的一些商业秘密泄露。

针对这些风险，那我们如何来规避呢？主要有以下七个方面的措施。

1.设置科学合理的公司治理结构和股权顶层设计。签订投资协议前，一定要充分意识到投资协议对企业控制权的影响，要客观估计企业的成长能力，不要为了获得高估值，而作出不切实际的业绩保证或不合理的人员安排保证。

2.股权动态调整。对于人力资源型的项目，一定要根据贡献点达到的贡献值，以里程碑的得分来调整股权，实现有进有退，动态调整。

3.对资金型投资者的回报可以灵活约定。对于仅提供资金的投资者，最好约定一个合理的投资回报区间，超过部分可以封顶，或者采用逐步回购股权的方式来解决公司股权分配问题。

4.多种融资形式并用。股权融资和债权融资在企业不同的发展阶段扮演了不同的角色，要根据企业具体情况选择采用单一的或组合的融资方式。

5.企业只需提供商业计划书的摘要大纲。制作商业计划书时，尽量不要泄露机密的信息和数据，把企业的优势讲清楚即可，同时要与投资者签署保密协议。

6.考虑全局，关注企业未来发展。企业可与多家投资机构交流，确保找到最适合企业的投资机构。企业融资不仅是为了解决当前的问题，还要符合企业的长期发展战略。

7.听取融资合伙人的建议。外聘投资服务机构或律师等专业人才，为企业的融资提供专业的意见和建议，可以尽量避免企业融资的陷阱。

二、如何防范"一股二卖"？

一股二卖，是指股权转让后尚未向企业登记机关办理变更登记，原股东将仍登记于其名下的股权转让、质押或者以其他方式处分的行为。简单来说就是一项股权交易了两次。"一股二卖"的后果，就是钱花出去了，股权不见了！是真正的"赔了夫人又折兵"。

如何避免"一股二卖"的陷阱呢？在签订《股权转让合同》时，建议将目标公司作为合同主体之一，共同在合同上签章。要对工商变更的时间进行明确约定，以免因约定不明而产生争议。

可以采用股权转让预登记的方式，即受让方在签股权转让合同后，要求转让方将股权转让的信息在目标公司先进行备案或登记，有条件的可在工商部门进行预登记，以对抗第三人。

在约定的工商变更登记时间到期时，应及时进行变更登记，以免"夜长梦多"。有限责任公司变更股东的,当自变更之日起30日内申请变更登记。逾期办理,可能需要变更或重新签订股权转让合同。

为了预防出卖方"一股二卖",可要求将股权进行质押,进行"股权质押登记",为自己的股权加上一层"保护罩"。

股权质押是出质人以其所持有的股份作为质押物,当债务人到期不能履行债务时,债权人可以依照约定就股份折价受偿,或将该股份出售而就其所得资金优先受偿的一种担保方式。它也是企业补充流动资金的常用方式。

通常股权质押融资时需要打折,折扣率或质押率一般是3~6折,比如质押市值1000万的股权,质押率50%,可以贷出500万元的款。

金融机构为了对冲资金风险,对质押股权设定了质押率、预警线和平仓线等。在未考虑企业融资成本的情况下,预警线一般为160和150,平仓线为140和130。

在《股权转让合同》中,最好约定若出现"一股二卖"情形下的违约责任,要有严苛的违约责任和高额的违约金。

三、公司做两套账的风险

企业编制两套账的做法,是不符合我国《会计法》及税法规定的,会计人员承担着极大的风险。企业要避免财务违规风险,两账合一势在必行,对于要走资本之路的企业,尤其要重视企业做账的规范性。

1.外账和内账都为不完整的账目,在最核心的销售、采购、生产方面应以仓库和生产线的ERP系统数据为基础,对外账缺失部分进行补充调整,相关销售采购往来款的差异部分确认为股东代收代付,最后的净额需要股东偿还或公司支付。

2.两套账合一时预计产生的税负成本和股东还款要尽快处理。在合并后因补充确认的无票收入、确认的无票采购会产生的增值税、所得税需要尽快缴纳。

3.通过存货盘点和固定资产盘点确定公司的核心资产数量及购买时间，按正确的核算方法确定资产清单，以事实为基础调整财务账目。

不少股东为了以高价转让股权或者吸收融资，而向股权受让方或者增资方提供虚假的公司资产负债及利润等财务信息。

股东以为将股权包装成高价就可以赚取高额收益，殊不知，"新"股东可以查"旧账"，一旦新股东通过行使知情权查阅了公司以往的财务账簿，发现老股东或者公司并没有如实披露公司财务情况，新股东可能会以受到欺诈为由要求撤销合同，或者要求以其查询到的财务信息调低股权价格或者减少增资额。

为避免上述纠纷，在股权转让或者增资时，对于老股东提供的公司经营情况及财务情况存在的虚假或者隐瞒的行为，双方应事先进行约定，以明确双方的责任。

企业财务工作中，收入造假常见手法有以下几种：一是重复记录收入；二是不遵循权责发生制确认收入，按收付实现制提前确认或多确认当期收入；三是通过虚拟销售对象及交易，伪造订单、发货单、销售合同等；四是利用关联方倒买倒卖，虚增收入；五是利用先发货、期后退回的方式虚增收入；六是错记科目，将营业外收入等事项记为营业收入。

财务尽调是投资人尽调或IPO上市的重中之重，一旦做假就是重大瑕疵，企业家务必要引起高度重视。除此之外，在借贷方面也要防范一些风险。

四、小心这些股权融资的陷阱

现实中有不少假冒投资机构通过所谓的考察费、评估费、保证金、招待费、公关费等名义，与其他机构（如评估机构等）相互勾结，共同骗取创业公司的钱财。因此，企业在融资过程中一定要注意以下几方面，避免落入融资陷阱，造成不必要的损失。

- 合法性和实力调查
- 切勿随意支付费用
- 聘请专业人员服务
- 专察专业程度和态度
- 了解正规投资流程
- 保护企业商业秘密

1.对投资方的合法性和实力进行调查

可以从市场监管网站上查看投资方是否属于正规合法的投资机构。此外，真正的投资机构一定有成功的投资案例，企业可通过查询投资机构成功案例、分析案例真实性等方式，对投资方的实力进行调查。

2.切勿随意支付费用

一般正规的投资机构都会有自己的基金管理费，自行承担商务考察费用．也不存在向融资企业索要所谓"公关费"等费用的情况，一旦遇到需要提前支付额外费用的，融资企业就需要格外留意了。

3.聘请专业人员或机构全程进行服务

大多数创业者及融资企业对于投资惯例和程序等是不熟悉的，想把融资风险降到最低，最好聘请专业的融资服务机构或者律师全程跟踪服务，事先对投资方的性质和真实性进行判断，这样才能防患于未然。

4.注意考察投资方的专业化程度及投资态度

如果投资方只是泛泛而谈或者对投资行业的惯例不清楚，融资企业就需要提高警惕。投资人如果没能深入企业尽职调查，是不会轻易投资的，太于热情的投资人肯定有问题。

5.了解投资方的正规投资流程

正规的投资流程是先到企业去做尽职调查。尽职调查是指对目标公司的资产和负债情况、经营和财务情况、法律关系以及目标企业所面临的机会与潜在的风险进行的一系列调查。尽职调查的目的是尽量避免投资风险。

尽职调查通常需经历以下程序：

（1）投资方组成尽职调查小组（包括律师、会计师等专业人才，以下简称尽调小组）；

（2）双方签署保密协议；

（3）尽调小组准备一份尽职调查清单；

（4）融资方在尽调小组的指导下，准备尽职调查清单上的材料；

（5）尽调小组成员查看尽职调查材料，并对融资方进行实地调研；

（6）尽调小组向投资方管理层出具尽职调查报告；

（7）投资方决策是否投资；

（8）对投资方决定投资的企业或项目展开投资性谈判；

（9）签订投资协议；

（10）按投资协议约定放款。

如果投资机构没有按照上述十个程序开展工作，融资企业一定要提高警惕，最好敬而远之。

6.保护好企业的商业秘密

企业成功的关键因素就是企业的核心知识产权和商业模式，无论在什么情况下，融资企业都要严格保护企业的商业秘密。融资过程中，可以向投资方介绍企业的真实情况，获取投资方信任，但一定不能泄露企业的核心机密。

【做小结】

创业者很少有财务出身的，对于财务风险，没有多少敬畏心，比如做两套账的普遍存在，对于一些所谓的投资公司，没有弄清楚是股权融资还是债权融资，也没有评估自身的偿还债务能力，包括利率的大小，一味地追求钱快到公司账，这样往往是会吃大亏的。

第八章

退出机制：把握当下，放眼未来

第一节　退出机制

【小案例】

湖南株洲为中车做配套的一家公司，五年前为了吸引技术骨干，免费赠送了20%的股权给小邢，后面公司发展得不错，也获得了1.2亿元估值，有投资公司要来投资时，小邢说他要结婚买房，想退出公司，要领导给他2400万元，这在株洲可不是一笔小数目，领导不同意，觉得小邢是在故意为难他，两人要闹上法庭。

【全拆解】

公司的股东如果想退股，怎么处理呢？你可能会说事先没想过这些，如果有约定按约定处理，没有约定则按照《公司法》的规定处理。

一般来说人在股在，人走股转。股东在公司工作时，享有公司的股权。从公司离职或者符合约定的股权退出情形，则其应自愿放弃公司的股权，将股权转让给其他方，当然特殊情况的另行协商。股权受让需出于自愿，大股东及公司无义务接受转让方的股权。建议股权最好一次性全部转让，不要部分转让。股权转让应先进行协商，协商不成按照合同约定的条款处理。

一、创业公司如何设定股权退出机制？

创业公司人员变动频繁很正常，如果没有提前规划好股权退出机制，将会引发股权纠纷，导致控制权不稳定，错失良好的发展机遇与融资进度。

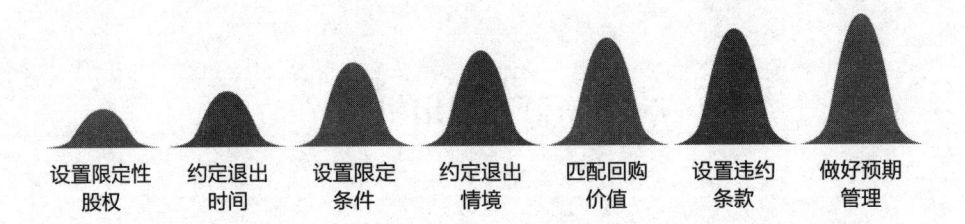

设置限定性股权　约定退出时间　设置限定条件　约定退出情境　匹配回购价值　设置违约条款　做好预期管理

1.设定限制性股权

限制性股权是指合伙人拿到的股权是有限制条件的，比如分期成熟限制、兑现条件限制等，但是如果公司章程无特殊规定，持有限制性股权的股东，其分红权、表决权和知情权等股东权利与持有非限制性股权的股东是一样的。

2.约定退出时间

可以约定股东在初创期内（如三年内）不能退股。实在要退，第一年只能退还50%的股权，第二年只能退还70%的股权，第三年后才可以全部退出，这样可防止公司发展处于上升期，股东随意退出对公司造成不小的损失。

3.设置限制条件

为避免合伙人中途退出影响企业的现金流，可约定合伙人在企业发展面临困难和挑战的时候不能退股或是在企业关键节点（如区域扩张、融资考核阶段等）不能退股，以免对企业正常经营或融资带来不利影响。

4.约定退出情境

退出主要分为过错退出和无过错退出。过错退出比如主动辞职的、严重违反保密或竞业禁止协议的约定、严重违反劳动合同、触犯法律等事项。

无过错退出又分为当然退出和期满退出。当然退出如丧失劳动能力、死亡、被宣告死亡或被宣告失踪、到了退休年龄等。期满退出是持股超过一定期限后退出或退休。

5.匹配回购价格

强制回购适用于过错退出，常为折价回购，也可采用零对价或者1元人民币。一般回购价格以溢价回购和平价回购为主。几种常见的回购价格主要有以下四种：

1）原来出资购买时的价格。

2）净资产溢价回购，比如溢价10%。

3）参照公司最近一轮融资估值的折扣价，比如估值的10%~20%来设定。

4）无过错退出的未成熟部分股权，按照获售时对应股权的出资额返还，或对应出资额按照银行利率的个倍数进行补偿（可考虑控制在3倍以内）。

6.设置违约条款

防止合伙人退出却不同意公司回购股权，可以在股东协议中设定高额的违约金条款，提高违约成本。

7.做好预期管理

大家一起合伙创业，就要在创业理念上达成共识，创业是基于创业团队的长期贡献风险共担与共创，而最终实现成功后的利益共享，要做好长期奋斗的准备，而非着眼于短期收益。

因此，所有合伙人要使用同一套标准，游戏规则值得所有人尊重，这样创业成功的概率就会高些。

二、股东都出钱又出力，退出公司股权怎么处理？

大家一起全职创业，全身心投入，利益共享、风险共担，但在创业之初最好约定最短合作期限，此期限是合作的锁定期，如果一方在锁定期内离职，则视为违约，除退股外，还应承担违约责任。

1.锁定期内退出

（1）主动离职

须出让全部股权。建议股权价格结合公司的经营状况友好协商，协商不成的，最高为其原始出资额的50%，创始人在同等条件下享有优先购买权。

（2）考核不合格离职

转让价格由双方协商，协商不成的，按照退出方原出资额的原价退还。因合伙人的退出本身就有损失，非其主观过错，退出条款不宜苛刻。

（3）被辞退

如合伙人违反公司重大管理规定被公司辞退的，其股权应当转让。转让价格最高不超过退出方原出资额的50%。

2.锁定期外退出

（1）主动离职

①公司未上市，有对外融资的，股权价格按照新一轮的实际融资价格计算。大股东有优先购买权，大股东不购买的，由愿意接受转让的股东按持股比例购买。

②公司未上市，且没有对外融资的，股权转让的价格由双方协商确定。协商不成的，股权价格原则上按照不超过上年度公司净利润的三倍计算。其他股东不愿意受让股权的，可选择对外转让股权。

（2）考核不合格离职

可以参照在锁定期外主动离职条款的规定，也就是股权价格按照新一轮的实际融资价格计算。

3.特殊情况下的退出

非个人主观因素造成，要从公平和人道主义出发进行处理。

（1）公司亏损

公司连续12个月财务亏损的，无论在锁定期内还是锁定期外退出，除另按比例承担亏损外，其股权以0元转让。

（2）工伤或非工伤退出

受伤满一年后，不能返岗从事原工作的，由股东之间协商确定股权是否保留。如股东会决定不保留其股权的，该股东退出，股权转让价格参照股东在锁定期外主动离职的情形确定。

（3）刑事犯罪

股东发生抽逃出资、虚假出资、侵占公司财产、贪污、泄露公司商业机密等行为的，股权转让价格为0元。

股东过失犯罪，一年期满后不能返岗从事原工作的，其股权应当转让，转让价格参照股东在锁定期外主动离职的情形确定。

如果发生除上述条款以外的刑事犯罪，则其股权退出，转让价格按照股东在锁定期内考核不合格的情形确定。

（4）工亡或死亡

若股东死亡，股权不得继承，应转让给其他股东，价格参照股东在锁定期外主动离职的情形确定。

4.股东不配合办理工作交接、股权变更的处理，可约定以下条款：

（1）发生退出情形的，退出者应当在发生退出情形之日起30日内办理完毕工作交接事项，特殊情况下可以签订书面补充协议。

（2）如需办理股权变更登记手续的，退出股东应于交接手续完毕后15个工作日内配合办理股权变更手续。无正当理由不配合的，应按照股权转让金额的每日万分之五向受让方支付违约金，直至其办理完毕。违约金可约定为X万元。

（3）为规避退出股东拖延办理变更，可约定部分股权转让款，用于协助办理变更手续完成后才支付。

三、分红退出机制如何设定？

企业如果将分红定性为一种退出方式，属于法学认知的一个新视角，企业拿净利润一部分向股东分配，实质上也是实现了股东逐步退出。

1.股权劣后于其他权利，不分红对股东不利

一旦公司经营亏损，此前年份累积的所有可分配而未分配利润必须作为偿供保障，很容易被侵蚀殆尽，股东权益也逐步减少。

2.分红是将劣后的股权提升为优先的债权

如果公司将历年累积的可分配利润全部或者大部分用于红利分配，在此后亏损的情况下，因股东（对认缴出资实缴后）对公司债务不再承担责任，即使累积亏损大于股东权益，股东仍然不用承担责任，股东已经获得的红利分配也不会被追回。

3.非现金股利（红股）不改变股东权益的劣后性质

着眼于未来，将历年累积净利润以红股方式分配给存量股东，也就是法律意义上的增加了名义注册资本。

4.现金股利不影响企业估值

公司的股权价值就是公司未来永续利润的现值。分红仅仅减少了企业账面现金，减少了净资产额度，企业估值的逻辑基础并不改变，从现金分红提高净资产收益率的角度来看，还可能增加市场对其估值的预期。

股权退出有各种情形，其中必然有一个环节是回购股权，此环节的机制要提前设定好，包括股东方面和员工激励环节部分。

我们在股权咨询的过程中，常常遇到小股东问，投资这家公司连续多年盈利却一直拒绝分红，拒绝召开股东会，召开股东会但是对不分配利润未作出有效决议，作为小股东能够退股吗？

1.首先在签公司章程时要说清楚，公司每年至少有百分之多少的利润是用来分红的，比如至少30%的利润要用来分红，实际只分20%的利润，小股东可以起诉要求撤销。要规定好分红时间，召开年度股东会，做出当年的盈余分配方案，相应的分红又应当在什么时候到账。

2.股东须注意整理证据。当符合"连续五年盈利但不分配利润"的回购条件时，要求回购的股东须注意整理和保存公司连续五年盈利但是连续五年不分配利润的证据。如果公司连续五年不向股东分配利润且公司一直盈利，你可以强制公司收回股权。

3.股东应要求公司定期提供财务报表，以便股东了解公司的年度盈利情况，避免出现当股东诉请公司回购股权时，却发觉财务方面的证据不足等被动局面。要注意影响公司利润的各项因素。首先是会计政策，兼任管理职能的股东，他们从公司取得的报酬应当控制在合理的范围内，避免"火线加薪"或虚报报销等现象；研发、宣传等开销，避免管理层为了完成业绩指标而"杀鸡取卵"。

4.当公司连续五年盈利但不分红时，代表公司10%表决权的股东，可提议公司召开临时股东会，并要求对是否分配利润事项作出表决。如果股东会上你能拿到表决权的多数，则可以直接对红利进行分配。在公司经过股东会讨论决定不分配利润时，则股东可以要求公司作出"不分配利润"的决议。如果股东对该"不分配利润"的决议投了反对票时，股东就可要求公司回购其股权。

5.若公司章程中没有保障股东查阅、审计会计账目的权利，则分红权还是不能保障的。

6.如果公司股东会长期达不成一致意见，导致公司的管理机构无法正常运转，你可以向法院申请解除公司，并进行清算，当然这是最后一步，也是协商不成之后最坏的结果。

所以，作为股东参与投资公司，提前一定要把分红退出机制约定好。

【做小结】

我们在很多实际的股权咨询案例中，都是因为没有建立股权进入、成熟和退出的机制，只是刚开始就把股权分配完了，以为万事大吉了。一旦公司发展得不错，比如估值做起来了，有投资公司感兴趣时，这时候相关股东就有自己的小心思了，开始想着从公司变现、捞一些好处了。如果没有把退出机制提前设计好，肯定就会有纠纷产生，建议要提前跟律师沟通好，白纸黑字地签好相关的协议，以免发生利益冲突时无法裁决。

第二节 回购股权

【小案例】

三年前,张杰和同学小伍一起合作创立了一个项目,张杰负责公司的全面工作,小伍主要做销售业务,张杰出资又出力占股70%,小伍主要靠人力,占股30%。刚开始小伍还是相当努力,也做出了一些成绩,但随着公司的发展,张杰发现小伍的能力跟不上公司的发展了,而且小伍也找到了新的工作,向张杰提出离职的要求,但他不愿意退出股权,张杰想引进优秀的人才,却没有股权可分,这下就很麻烦了。

【全拆解】

回购退出可以分成股权退出和合伙金退出两种类型。

1.股权退出。有些具有股东身份的员工因为劳动合同到期不再续签,此时员工身份自然终止,公司没有必须发放薪酬的义务;但其股东身份还在,其权利与义务受公司法保护,仍然能享受公司的分红。这种情形下,公司要免除其股东的身份时就需要涉及回购的价格问题,谈妥后才能办理相应的工商变更手续。对于离职不交出股权的合伙人,可在章程中约定高额违约金。

2.合伙金退出。它是指非股东合伙人的退出,即以当初缴纳的合伙金按照溢价或折价方式回购。此时的合伙人本质上来说还是公司的员工,而非股东,操作时属于公司内部治理的范畴。

一、离职合伙人的股权是否要回购？

合伙人离开公司，公司是否回购离职合伙人的股权，回购价格不应远低于市场价值，回购应能够使得公司和现在的合伙人得益作为标准。

如果这样，会让参与动态股权分配机制的合伙人失去转股的积极性，大大削弱股权对在职合伙人的激励性。股权的意义在于可以让获得者产生持久的被动收入，如果工作才有股权，离职股权就被收回，这就使得这个股权是主动收入而不是被动收入。

公司保留一定期限的回购权，是一种防御性的行为。在合伙人离职后给予公司对他的一个观察期，如果发生了以下情况，公司应该执行回购权来回购股权：

• 在职期间并没有为公司作出显著的贡献，而在观察期内也没有为公司提供价值。

• 在观察期内该合伙人从事与公司有竞争关系的业务。

• 在观察期内该合伙人做出有损公司利益的事情。

还有另外一种情况，就是对离职的合伙人股权不回购。这样不用付工资给这些离职的合伙人，但他还始终惦记公司，把资源导向公司，体现他的股东身份，让他给公司输送一些利益，那岂不是我们想要通过股权实现的效果？

符合以下条件时，不用回购离职合伙人的股权：

1. 该合伙人为公司作出的贡献重大，对公司有深远的影响。

2. 该合伙人取得股权前为公司服务的年限足够长，在职期间一直

兢兢业业。离职前做好工作交接，培养好了接班人，使得公司的发展没有受到延误和影响。

3. 虽然他离开公司，但未来仍然可以为公司带来潜在的价值，成

为公司的顾问。能尽股东的责任和义务，给公司带来资源，提高公司的价值。

4.该合伙人是因为公司发展到一个新的阶段，或者公司进行了迭代转型，留在公司对公司的价值不大而功成身退的。

二、如何设置好股权回购条款？

如果创始人经常回购股权，就意味着该项目出现了状况。投资人为了"高收益"目标，对创始人回购权会作出相应规定。

当出现下列情况时，投资方通常会要求融资企业的主要股东和现有股东部分或者全部回购投资方所持的公司股份。

①公司出现主要股东将其股份全部转让或者部分转让，而使其
自身失去控股股东地位的，或者辞去董事长、总经理等职务的情况。

②融资公司在规定的时间内实际净利润低于承诺利润的70%的，或者是公司不能完成其三年整体净利润业绩承诺的情况。

③公司出现违反相关法律法规并且受到追究，致使公司无法IPO上市。

④在投资方资金到位后的规定时间内，投资方不能并购退出。

⑤公司出现主营业务重大变更的情况。

"股份回购请求权"作为公司控制权博弈中的一个重要权利，企业家在章程中自主设置"人走股留"股权回购条款时，要注意以下几点：

1.尽量以《公司章程》的形式设置"人走股留"条款。不能只在股东协议中约定，双方在条款上保持一致性。

2.对于"股权回购价格"须事先进行约定。如果是约定一个专业评估价的，则对于评估机构和评估股份价值的方法也需要进行明确。

3.在《公司章程》中规定股权回购的期限。如果股东未在合理期限内提起回购请求，则公司享有主动回购的权利。

4.灵活设置回购价款支付时间。

创业早期没盈利，建议设置为分期支付，否则短期内支付高额回购款可能会把一家创业公司及其他合伙人压垮。

5.收回剩余股权表决权。

合伙人能力不行或离职了，根据回购规则保留了一部分股权，建议把这部分保留股权的表决权收回来给留守合伙人。可以让离开的合伙人通过有限合伙企业间接持股，或者进行委托投票、签一致行动人协议、修改公司章程等。

6.回购约定明确清晰。

回购约定最好在工商登记前白纸黑字写入股东协议中并签署好，提前确认清楚。股东协议中不能笼统地写发生什么事情谁就需要退出股权，一定要明确约定退出事件、退出时间、退出方式（将股权具体转给谁）、退出价格的计算公式。如果不写清楚，到时候大家还得再商议，实操性就会降低，也增加得到法院支持的难度。

设定好股权回购的条款，其中大家最关心的是股权回购的价格，这是最终股权回购是否成功的关键。

三、股权回购价格如何约定？

股东退股权时，往往会因为回购价格如何确定而产生争议，导致股东很难顺利地退股权后再退出公司。对股权回购价格可以约定：

1.在公司成立之初《出资协议》中约定回购价格。对回购价格的计算方式进行详细约定。

2.在《公司章程》中约定回购价格。包括合理价格的计算方法，以用于保障在公司重大变更时少数异议股东在无人受让股权情形下仍有退出公司的途径，同时也避免公司僵局的恶化，影响公司的长期治理。

3.尽量避免采用静态的固定价格。因为公司在发展过程中，公司资产经常会发生变动，如果预定了一个固定的价格，那么在公司资产快速增值或者贬值时，采用一个无法调整的固定价格显然会对股东或者公司一方不公平。

4.采用动态的股权回购价格计算方法。可按公司净资产或者评估价进行实时调整，但是同时约定一个最低回购价格，以保障股东的最基本的利益得以实现。

强制回购适用于过错退出，常为折价回购，也可采用1元回购。一般回购价格以溢价回购和平价回购为主。

常见的回购价格有四种：

1.原来购买价格；

2.净资产溢价回购，比如溢价10%；

3.参照公司最近一轮融资估值的折扣价，比如估值的10%~20%来设定；

4.无过错退出的未成熟部分股权，按照获售时对应股权的出资额返还，或对应出资额按照银行利率的个倍数进行补偿（可考虑控制在3倍以内）。

【做小结】

我们在做股权回购时，要提前跟合伙人约定好股权回购的条件与价格，一定要根据公司发展的阶段，进行动态股权回购，灵活支付，而且要及时收回剩余的表决权。俗话说"好聚好散"，对于离开公司的股东，如果他不能按协议退回股权，就要他赔偿高额的违约金。

第三节　股权转让

【小案例】

小谢做了一家人力资源输出公司，共有三个股东，其中一个股东叫张吾，想把自己20%的股权转让给他的同学，于是私下签个协议就转让了，但其他两个股东不同意，结果张吾很不开心。他没有明白股东要转让股权，公司股东是有优先购买权的，而且要过半数股东同意才行。

【全拆解】

股权投资并购中，股权转让和增资扩股是较为常见的两种方式，都属于投资人以新股东的身份加入目标公司中，参与公司经营管理。但是两者的适用场景并不完全相同，各有利弊，而且两者在公司法下需要遵从不同的交易规则。

一、股权转让和增资扩股的区别

企业家想到融资，常常把股权转让和增资扩股两者弄混，以为反正是让对方投资自己，其实在注册资本、交易主体、资金性质、股东优先权、决策机制、投资人的权利和义务等方面，两者还是有显著的区别，从下表可以清晰看出。

股权转让和增资扩股的区别

比较项	股权转让	增资扩股
注册资本	标的公司注册资本不变	标的公司注册资本增加
交易主体	投资人和原股东	投资人与标的公司、原股东
资金性质	出让股权的股东受领资金	标的公司受领资金
股东优先权	对外转让股权，其他股东在同等条件下有优先购买权	其他股东享有新增资本的按比例优先认购权
决策机制	对外转让股权，须经过半数股东同意	按照章程规定，股东会2/3以上同意
投资人的权利义务	投资人取得股东身份，转让股东或保留或退出	投资人取得股东身份，原股东继续保留股东身份
股权计税成本	原股东按照股权转让所得承担税费	原股东的股权比例可能被稀释，新股东投资款不征收企业所得税

从上述股权转让和增资扩股的区别可以看出，通常情况下，股权转让仅涉及目标公司现有股东与投资人之间的交易，投资人与转让股东之间的法律关系为股权买卖关系。而在增资扩股中，往往会同时涉及投资人与目标公司及其现有股东的关系。

总之，股权转让是股东与个人之间的转让，投资款是从一个人转向另一个人，而增资扩股是公司与个人之间的交易，投资款是从一个人转向公司的账户，这是很明显的区别。

二、如何签好股权转让协议？

企业家在资本运作时，要注意股权转让协议中的一些重要规则与含意，在公司章程中可以约定股权转让的约定性条款：

1.股东拟向股东以外的人转让股权的，应当首先向公司其他股东发出《股权转让告知函》，告知函上应当载明意向收购方、转让价格、付款期限、付款条件等内容。

2.其他股东收到《股权转让告知函》后，应当在30日内回复是否同意转让，逾期不回复的，视作放弃优先购买权并同意转让。

3.如果其他股东按时回复要求优先购买，回复函中应当明确告知收购价格、付款期限、付款条件。

4.如果有两个以上股东同时要求购买的，价高者优先购买。

5.其他股东放弃优先购买权的，应协助收购方办理股权转让变更手续。

有限公司的股权对外转让中，因转让股东隐瞒真实股权的转让条件，导致引发"优先购买权"的争夺。

应重视《股权转让通知书》的内容，按照《公司法解释四》的要求，《股权转让通知书》中须告知公司其他股东拟受让人、股权数量、价格、支付方式及期限等内容。

股东在股权转让中切勿弄虚作假，如果转让股东采用内外有别的方式，隐瞒真实的股权转让事项，逼退其他股东放弃优先购买权，则公司其他股东在知道真实的股权转让条件后，依然可以要求以真实的转让条件行使优先购买权。这样一来，转让股东极有可能最终是"搬起砖头砸了自己的脚！"

在股权转让纠纷中，常常是因为对股权转让协议的效力产生争议，特别是对工商变更登记和《股权转让协议》之间的关系不了解，怎样化解这些纠纷呢？

1.新股东在股权转让后，应及时要求公司进行工商变更登记。新股东在受让公司股权后，为避免老股东将股权擅自处分或者恶意抵押等行为，应在30日内要求公司协助办理以下股权转让事宜：

（1）要求公司注销原股东的出资证明书，并向受让股权的新股东签发出资证明书；

（2）要求公司对《公司章程》进行相应修改，以及对于股东名册中股东及其出资额的记载进行修改。

（3）要求公司将新股东的姓名或者名称向工商登记机关做变更登记。

2.新股东应在协议中约定公司延迟办理工商变更登记的违约责任。

为避免股权转让后，新股东将大部分的股权转让款都进行了支付，而公司却一直拖延办理工商登记，新股东在《股权转让协议》中可以约定公司迟延办理工商变更登记时老股东的违约责任，并且约定老股东的督促及协助义务。

如果允许合伙人随意向外转让合伙财产份额，其他合伙人将处于两难境地，要么允许一个不熟悉的人进入成为合伙人，或者出资购买份额。

合伙人死亡后，继承人是否能承继合伙人的身份进入合伙企业，最好在合伙之初就认真商议，确定后写入《合伙协议》里，不要以为这些意外不会发生。我们在媒体上经常看到创业者英年早逝的报道。

比如某合伙人明显出现了恶意行为时，假如证据确实无异议的就可以强制退伙，假如证据不够确实还可以协商退伙、通过受让他的合伙财产份额让他退出，这样可以把对合伙事务的负面影响降到最低。

有些合伙人，包括一些有限合伙人，会要求普通合伙人回购他们手里的合伙财产份额，这是不对的。其他普通合伙人有的仅仅是优先购买权，只是权利，而不是义务。股东之间的股权转让规则我们掌握了，那么控股公司在股权转让时要注意哪些技巧？

三、如何防范"零作价"转让股权的风险？

"零元转让"股权，存在较大的不确定性和较高的法律风险，同时可能涉及税收等一系列风险。如何防范相关风险？我们建议如下：

1.以"零元转让"股权，容易引发转让股权的性质究竟属于转让还是赠与的争议，并可能存在被撤销或被认定为协议成立但未生效等风险，还可能引发公司内部股东的优先购买权纠纷。因此，转让方、受让方应审慎区别股权的"转让"与"赠与"性质，审慎签订《股权转让协议》或《股权赠与协议》。

2.就出让方而言，如果同意以"零元"赠与标的股权，应当明确处分标的股权的性质为赠与，双方签订的协议应当明确为《股权赠与协议》，股权处分的价格明确为"无偿"，协议文意应当明确表现为"赠与/受赠"。

3.就受让方而言，如果同意以"零元"受让标的股权，应当明确受让标的股权的性质为转让；双方签订的协议应当明确为《股权转让协议》；股权受让的价格建议尽量不要表现为"零元"，可约定一个较低的价格。同时，应在协议中明确约定受让方以"零元"或低价受让股权应承担的义务、其他对价或所附条件等。

4.以"零元"或低价转让股权的，应严格按照公司章程及《公司法》关于股权转让的特别限制和要求，履行通知等义务，首先应当经其他股东过半数同意，并确认其他股东的优先购买权。否则，签订的股权转让协议可能存在被其他股东撤销或被人民法院认定为协议成立但未生效等风险。

5.对于无偿转让的行为，可能存在一定的税务风险。如转让方借无偿转让之名行逃避税收之实，可能存在被税务机关征税及处罚的风险。同时，受让方如无偿受让股权，后续再转让股权时，将可能支付高额的所得税等税款。因此"零元"转让股权时，应充分考量税负，三思而后行。

四、控股公司和股份公司股权转让时的技巧

控股公司在股权转让时，是先分红再转让，还是先转让再分红呢？事实证明：先分红后转让好处多些。

举个例子：假如公司A投资公司B的初始投资成本是100万元，占公司B股份的40%。经过一段时间的经营，公司A决定将公司B的股

份全部转让给公司C，目前公司B账面上的未分配利润是300万元，公司B的评估净资产是600万元。

分红情况下：公司A需要缴纳企业所得税：（600万元×40%-100万元）×25%=35万元。

如果公司A先分红，再转让：300万元分红给各个股东，公司A收到分红款，根据居民企业分红不纳税的原则，不需要缴纳企业所得税。这时公司A需要缴纳企业所得税［（600万元–300万元）×40%-100万元］×25%=5万元；这种方案相当于节省30万元！

如果股东是个人的话，先分红后转让，还是直接转让，个税并无差别，都需要缴纳20%的个人所得税：（600万元×40%－100万元）×20%=28万元。

股权转让时，如果被转让的子公司有未分配利润，可以先进行分红，依据居民企业分红不纳税的原则，不需要缴纳税金，分红后再转让股权，股权转让价格就下来了，股权转让的个人所得税自然也下降了。

控股公司股权转让先分红、再转让是可以合理降税的，那么股份公司在股权转让时是不是也有相应的技巧？

股份公司的股东为了转让股权，也会有一些规避法律的行为。这些规避方式有些是合法的，有些是非法的，主要有以下几种：

- 公司减资
- 董监高股东通过员工持股计划规避股份转让限制
- 董监高股东离职

1.公司减资。有些发起人利用控制股东大会的机会，在股东大会通过减资决议，由公司回购自己的股份，从而变相达到转让股份的效果。这种减资，属于滥用股东权利的范围，应当判定无效。

2.董事、监事、高管（简称董监高）股东通过员工持股计划规避股份转让限制。在具体操作的时候有两种方式：一种是表面上通过员工持股计划，由自己信任的员工代持自己的股份。在公司上市之后，员工持有的股份并不像董监高持有的股份那样被限制，所以可以及早在资本市场上套现。另一种是设立一个持股平台，多存在于有限合伙企业。通过持股平台，董监高间接持有公司的股份。在公司上市之后，这些董监高间接持有的股份并不像直接持有的股份那样受到限制，因此可以在某种程度规避对董监高股份转让的限制，这种规避方式是合法有效的。

3.董监高股东离职。有些董监高为了尽早套现，就采取了离职的方法。在2015年股市牛市的时候，就曾掀起了一波董监高的离职潮。

律师在股权转让服务中，一般会注意以下事项：

首先，对于重要的股权转让，律师会与税务师、会计师互相配合。在进行财务和税务尽职调查之后，制定税务筹划方案、债务处理方案，然后互相沟通，优化股权转让的方案。对于一般的股权转让，先解决股权转让的限制问题，征求其他股东的同意及放弃优先购买权，对照公司章程和其他法律的要求，再协商股权转让合同。

其次，在股权转让合同中，应明确约定违约责任和赔偿损失的计算方法。由于股权转让的损失计算困难，如果不在合同中进行约定的话，索赔的难度会很大。对于因为优先购买权等限制原因，导致股权转让不能进行的，尤其要约定清楚赔偿责任。因为股权转让合同的效力问题仍然存在多种观点，所以股权转让合同除了约定违约责任之外，还应约定合同不生效、无效、被撤销、不成立等情形下的损失计算方法，以便在不同情况下快捷地解决双方之间的争议。

最后，对于股权转让合同，双方应明确约定解除权的行使条件、行使期限以及解除的后果，以避免法院的不同观点给处理结果带来不确定性。

【做小结】

公司在发展过程中，肯定是需要不断融资，这其中有两种主要的方式，一是股权转让，就是你的股权转让给另外一个人，公司总体的股本没有增加，另一个就是增资扩股，就是投资人把钱转到公司账上，公司的总股本增加了。在签股权转让协议时，要提前通知股东，过半数股东同意，而且要办理好相关手续。如果你"零作价"转让股权，一定要分清是转让还是赠与，这两者是不同的。

第四节 股权清算

【小案例】

杜小明现在开第三家公司了，一切按照计划进行，投资人一到公司尽调，发现他前两家公司还有一些没有解决的问题，比如说清算的手续没有办完，一些劳资纠纷也没有解决。杜总说，之前两家公司都是空壳了，所以也懒得去处理，不用管它了，投资人说我们在意，暂时不投资了，杜总到现在都没有想明白，为什么投资人不投了。

【全拆解】

企业家经营一家公司，退出的渠道有股东回购、股权转让、IPO上市、并购重组、清算破产等，当然最不好的结局就是清算，但走到这一步，企业家也要认真对待，不然影响二次创业，所以也要按流程做好股权清算。

一、五步做好股权清算

根据公司法的规定，清算流程大致有以下五步：

| 01 成立清算组 | 02 通知债权人 | 03 清理财产，编制清单 | 04 制定清算方案 | 05 成立清算组 |

第一步：成立清算组。如果是有限责任公司，清算组成员就是公司股东。如果是股份有限公司，清算组成员就是董事或者股东大会指定的人员。

第二步：通知债权人。包括已知明确的债权人，例如银行贷款、债权人就是银行，这很明确；还包括潜在的未知债权人，毕竟企业运转一段时间之后，产生的经济关系千丝万缕，也可能会漏记。已知的明确的债权人，需要一对一通知；潜在的未知债权人，需要登报公告。债权人收到通知或者看到公告后，就要向清算组申报债权了。

第三步：清理公司财产，编制财产清单和资产负债表。

第四步：根据资产负债表和财产清单，制定清算方案。如果是公司自行清算，那么清算方案由股东会或股东大会通过即可；如果清算组是法院指定的，那么清算方案要报法院通过。

第五步：执行清算方案。公司财产在支付清算费用、职工的工资、社会保险费用和法定补偿金，缴纳所欠税款，清偿公司债务后的剩余财产，由股东按持股比例取回。

从上面这些步骤我们可以看出，在整个清算过程中，发挥最重要作用的就是清算组，而清算组通常来说，就是公司股东自行组织的，所以股东要关注清算职责。

二、公司还盈利，法院就不判解散吗？

如果大股东对小股东"股东压制"已经非常严重，法院可判公司解散。一般法院是从以下三个方面进行判断，小股东可以对照一下。

- 公司的决策机制是否畅通
- 是否因缺乏制衡导致经营危机
- 矛盾是否通过其他途径依然无解

1.公司的决策机制是否畅通。比如公司股东会、董事会长期为某一方、某一派系所掌握，其他人合法的话语权被剥夺，决策机关陷入"僵局"或"傀儡"状态，那么就可以认定公司决策机制已经变异。

2.是否因缺少科学制衡，导致公司的经营状况出现危机。不仅是公司利润减少乃至亏损，更是指小股东利益遭受损失。

3.矛盾是否通过其他途径依然不能化解，或者异议股东转让其股权或者通过减资实现其退出。如果两条路都走不通，那么实际上也就意味着其他人也都不看好公司的经营前景。

即使是公司还在盈利，但"公司经营管理发生严重困难"，也是可以申请解散公司的，主要判断是看公司的组织机构运行情况如何，主要体现在两个方面。

1.股东会、董事会、监事会"三会"是否能健康运行，小型公司主要是执行董事和监事是否能运行。如果"三会"不能正常运转，即使公司一时仍能盈利，但终归不可持续，早晚会出现"亏损"这一情况。

2.公司有一个绝对控股地位的大股东，负责公司一切事务，类似于独断，其他小股东完全无法左右公司事务。公司仍然有可能是盈利的，占股10%以上的小股东是可以申请解散公司的。

【做小结】

公司即使到了破产清算的时候，创始人也善始善终，不能一走了之，不处理这些事情。首先要成立清算组，通知公司相关的债权人，清理财产，编制清单，制定清算方案并执行。需要特别说明的是，清算并不一定是破产才进行，如果是公司决策机制不畅通，缺乏制衡导致经营危机，通过其他渠道也无法解决矛盾，也只能解散。

第九章

激励操盘：分股合心的科学，股动人心的艺术

第一节　激励模式

【小案例】

做新消费类项目的郭总招了一些从互联网电商平台来的新员工，大家都是抱着很大的希望来到公司，郭总也经常讲阿里马云和一些成功的故事，愿意和大家一起打造上市公司，也尽快实施股权激励计划。但是这些员工好像对此表现很冷淡，大家认为这些计划还不如现金来得实惠，对于未来的股票收益多少，似乎太遥远，所以最后股权激励不了了之、草草收场。

【全拆解】

上面案例中的公司为什么做股权激励失败了？企业家在抖音听了股权激励的几堂讲座知识，就开始自行实施。有些是专业公司推广课，有些只是新出道讲师的练手课，甚至还有些干脆只是偷师以后复制出的"培训课"。许多课程内容看似专业，却只有启发意义，并没有实际操作性。甚至少数课程只是摘录了相关概念，既没有系统知识，也不提供科学的工具。

企业家如果只是接受了这样的浅显学习，就误认为自己精通股权激励，能够独立完成方案的设计和执行，势必走进误区。

企业家个人缺乏专业股权激励方案设计的经验，也就无从在战略上预测股权激励实施之后可能发生的多种结果。如果贸然自行实施方案，很容易为企业发展埋下隐患。

股权激励不能取代管理制度、绩效考核，同样也不能取代成本管理、人力资源开发等诸多工作，它涵盖了股权结构、上市运营、企业管理、法律实务等多方面的知识。

一、设计股权激励模式时如何做好选择？

选择股权激励模式，考虑的因素很多，遵循的原则也很讲究，不同规模企业、不同发展阶段的企业、不同所有权的企业，不同的激励对象，所选择股权激励模式也不一样。

1.设计股权激励模式需要考虑的因素

推行激励的真实意图　　激励对象的具体情况　　不同激励工具的功能

（1）企业推行股权激励的真实意图

不同企业推行股权激励的意图是不同的。比如大多数家族企业老板要保持对企业的绝对控制，往往不愿意实质性地出让股权。因此，虚拟股权制就成了股权激励方案设计的首选方案。还有一些企业也愿意出让部分实际股权时，可以设计成"实股+虚股"的股权激励模式。

（2）激励对象的具体情况

对于风险偏好型员工，可以通过期股、限制性股权等约束性强、有一定风险的激励模式；对于不愿冒险的员工可以通过股权、期权等风险性较小的激励模式。

（3）不同激励工具的功能

股权激励工具包括实股、虚股、期股、期权、注册股、代持股、分红股、干股等。可根据企业的不同情况，选择适合企业需要的股权激励模式。

2.选择股权激励模式的原则

动态化原则　　个性化原则

（1）动态化原则

企业从有限责任公司，到准备上市时改成股份有限公司。不同阶段发挥核心作用的员工是不同的，激励模式也应随之作相应调整。

（2）个性化原则

即使A公司和B公司都选择了期股模式，但A公司员工工资高、利润也比较丰厚，A公司激励对象每年的分红比较多，大股东及公司不用向激励对象提供贷款。而B公司员工工资较低，近期利润也比较少，B公司激励对象每年的分红比较少，需要公司大股东为激励对象提供部分借款，或者为激励对象的借款提供担保。

3.不同规模企业股权激励模式的选择

中小型企业　　上市公司

（1）中小型企业

股权激励模式必须是低成本，高风险、高回报的，应选择那些出资少、激励力度大的模式。赠与股权、技术入股是首选的激励模式；分红回填股、虚拟股权和账面价值增值权也是比较合适的激励模式。

（2）上市公司

主要有股票期权、限制性股票和股票增值权三种。具体应选择哪种激励模式，主要取决于以下几个因素：公司的财务现状、激励对象的范围和激励方案的力度等。

3.企业不同发展阶段股权激励模式的选择

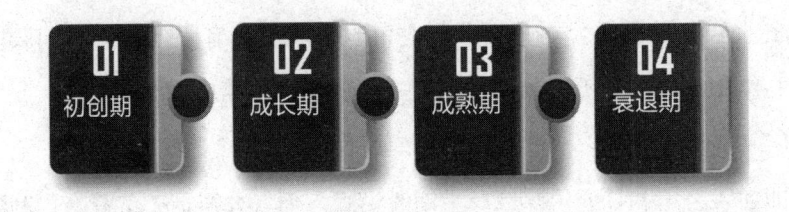

| 01 初创期 | 02 成长期 | 03 成熟期 | 04 衰退期 |

（1）初创期

对高层管理人员和核心技术人员、业务人员的依赖性比较大，目的是稳定优秀人才，让大家看到企业未来发展的希望。激励模式可选择：员工以技术、资金、人力资本等要素入股、员工持股计划，储蓄—股票参与计划，期股等。

（2）成长期。

这个阶段较为合适的股权激励模式有业绩股票、员工持股计划、储蓄—股票参与计划和延期支付计划等。

（3）成熟期。

企业可视具体情况，选择业绩股权、股权期权、股权增值权、虚拟股权和延期支付计划等激励模式。

（4）衰退期。

企业应考虑到今后可能进行的裁员问题，但是企业要保留住关键岗位的关键人员。因此，企业在这个阶段，适合实施岗位分红权的股权激励模式。

5.不同所有权的企业股权激励模式的选择

（1）国有企业

国有企业指国有股权占比在50%以上的有限责任公司或股份有限公司。国有企业股权激励具有一定的福利色彩，经营者和核心技术人员持股比例偏低，而且持股比例与经营业绩之间没有明显的正相关关系。可采用如下激励模式：经营者出资购买股权、分红权、业绩股票和技术股份等。

目前，国有企业在实施股权激励方面存在以下两个误区：一是认为国有控股企业实施员工持股或者经营者持股必然会导致国有资产流失；二是认为我国国有企业不适宜做股权激励。这两种观点都是错误的。事实上，全面注册制已经开始实施，中国资本市场在不断成长。

（2）民营企业

民营企业包括集体所有制企业和私有企业，它们在我国企业中占有重要的地位。由于我国很多民营企业是原来的集体企业，因此在企业二次创业时，一定要明晰股权问题，既要反映出老员工在企业原始积累阶段所做的贡献，又要吸引并激励管理、技术新人。管理层收购是一个不错的选择，而在企业产权明晰的民营企业，股权激励则可以采用员工持股、股权期权和虚拟股权模式。

6.依据不同的激励对象选择股权激励模式

（1）核心员工

核心员工包括企业的管理层和技术骨干，应选择一种能够对激励对象权利的兑现条件加以限制的激励模式。

（2）销售人员

通过股权激励授予销售人员一定股权，使股权成为当期收入中的重要一部分、长期收入的主要部分。这样不仅可以使销售人员对企业短期、长期利益两者兼顾，公司还能延期支付。

可实施的方法为：授予销售人员较大的期股额度，并作一定的限制，如规定其绩效收入的一定比例必须用于支付购买期股借款，且其已经实际拥有的股权必须在服务期达到若干年后或者达到一定业绩之后才能转让、兑现。将销售人员短期收入中的一部分变为长期权益，以此避免销售人员的短期行为。

（3）普通员工

对于效益良好且稳定的公司，采用员工直接购股或设置期股为主的方式，对员工进行激励，能够起到增加福利和补充薪酬的作用。但应注意克服由于普通员工实际得到的股权不多，激励力度太低不能保证公司整体效益与员工利益紧密联系的现象。

具体来说，不同股权激励模式的优缺点有哪些呢？

二、不同股权激励模式的优缺点分析

实施股权激励应注意契合资本市场发展周期，要有前瞻性，尽量选择在股价偏低的时候推出股权激励计划，后面有升值。

还要结合公司发展战略，选择合适的激励时机。比如，可在公司业务爆发的前期推行股权激励计划，这样就能充分激发团队的积极性，同时拉动公司业绩快速增长，最终促进公司战略的实现。

当然，要谨慎选择符合自身实际情况的激励方式，参照资本市场的周期性、公司所处发展阶段、员工风险承受度、员工购买力等因素综合考虑，在此基础上制定出相对合适的股权激励方式。

从合伙人的角度分析，对于业务合伙人一般选用干股模式，对于事业合伙人可考虑期权和期股模式，对于核心合伙人可采用实股、期权、期股模式。

1.干股的优点和缺点

干股的优点：

①牵涉股东对公司的控制权，但可以对员工形成激励；

②只有分红权，可以使企业的风险降低，即使激励不成功也不会对公司造成致命的伤害；

③操作简单，通常仅需要签订协议或合同，在企业内部即可解决，不必经由市场部门。

干股的缺点：

①仅有分红权，激励对象一般只能获得相对短期的收益，一旦企业经营效益不理想，将对企业的现金流造成压力；

②干股是不用出资即可获得的，与企业的经营起伏相关度高，长期的

激励作用比实股要弱；

②企业规模不大时，干股对维系人才的作用有限。

2.股票期权的优点和缺点

股票期权的优点：

①通过绑定经营者的报酬与公司的长期利益，降低委托代理成本，使企业经营者与企业所有者的利益紧密相关，以降低激励成本；

②可以减少股票期权持有人的风险，因为股票期权持有人并未提前支付成本或支付的成本较低。

股票期权的缺点：

①公司股权会因为股票期权持有人行权而分散，从而造成公司的总资本和股本结构发生改变，进而可能对现有股东的权益造成影响；

②可能遭遇来自股票市场的风险；

③导致公司的经营者片面追求股价提升的短期行为，而放弃有利于公司发展的重要投资机会。

3.期股的优点和缺点

期股的优点：

①股票的增值和企业资产的增值、效益紧密相连，促使激励对象更加关注企业的长远发展和长期利益；

②有效解决激励对象购买股票的融资问题；

③克服一次性重奖带来的收入差距矛盾。

期股的缺点：

①如果公司经营不善，激励对象有亏本的可能，削弱了激励对象对期股的兴趣；

③励对象的收益难以在短期内兑现。

4.实股的优点和缺点

实股的优点：

①有实股就意味着成为企业的股东，拥有广泛的股东权利，如知情权、质询权、提案权、表决权等，有利于调动员工的积极性和主观能动性；

②实股激励有利于员工为公司的长期发展服务。

实股的缺点：

①实股激励最大的影响之一就是会稀释股权，还有可能影响股东的控制权；

②员工出资购买公司股份的压力大；

③公司收回实股较麻烦。

只有掌握了不同股权激励模式的优缺点，我们才会在实际工作中灵活运用，取得更好的效果。

在进行股权激励选择的时候，首先我们要了解这种模式在分利和分权方面是如何分配的，是只分利模式，还是先分利后分权的模式或者既分利又分权的模式，具体从下表中可以对比出十二种股权激励模式的区别。

十二种股权激励模式的分类

权和利的分配情况	包含的激励模式
只分利模式	虚拟股票（权）、股票增值权、延期支付、分红权、虚拟股票期权、账面价值增值权、干股（虚拟情形）
先分利后分权模式	股票期权，期股
分权分利模式	限制性股票（权），管理层收购、干股（直接持股、协议无特殊约定情形）、业绩股票（权）（达到业绩兑现后）

从分利和分权的对比上，我们了解了选择怎样的模式，那下一步，我们要仔细体会这十二种模式的主要特征，比如是否要稀释股权、有没有收益、员工是否要花钱购买、公司是否要出钱、适宜哪些公司主体……下表

做了详细的对比。

十二股权激励模式的比较

激励模式		是否实股	稀释股权	激励收益	员工是否需要花钱买	公司是否要出钱	适宜主体
限制性股票（权）		是	是	分红/增值/投票权	有/无	无	上市/非上市
虚拟股票（权）		否	否	分红/增值	无	有	上市/非上市
股票期权		是	是	增值	有	无	上市
股票增值权		否	否	增值	无	有	上市
业绩股票		是	是	分红/增值/投票权	有/无	有/无	上市/非上市
延期支付		否	否	分红/增值	有	无	上市
期股		是	是	分红/增值/投票权	有	有	上市/非上市
管理层收购		是	是	分红/增值/投票权	有	无	上市/非上市
分红权		否	否	分红	无	有	上市/非上市
虚拟股票期权		否	否	增值	无	有	上市
账面价值增值权		否	否	增值	无	有	上市/非上市
干股	实股	是	是	分红/增值/投票权	无	无	非上市
	虚股	否	否	分红/增值	无	无	非上市

有限责任公司与股权激励相对应，股份有限公司与股份激励相对应。对于有限责任公司，员工通过股权激励获得实际股权的表现形式为出资证明书；对于股份有限公司而言，员工通过股权激励获得实际股份的表现形式为股票。这是有限责任公司与股份有限公司的差异。但在日常实践中，为了便于大众理解，大家将两者统称为股权激励。从下表中我们就可以看出平常说的股权、股份、股票三个名字之间的差别了。

有限责任公司和股份有限公司的差异

项　目	有限责任公司	股份有限公司
资本的基本单位	股权	股份
外在表现形式	出资证明书	股票

有限责任公司和非上市股份有限公司选择股权激励模式时并没有特别的差异，但由于受《上市公司股权激励管理办法》的制约以及上市公司特殊性的影响，有些股权激励模式只适合于上市公司。

公司规模对于股权激励效果的影响较大。一般而言，规模和实力相对较大的公司，更有实施股权激励的实力，并且实施股权激励的选择余地较大，股票期权、股票增值权、虚拟股票、限制性股票等都可采用；

但规模和实力较小的公司，在实施股权激励时，为避免给企业带来难以负担的成本压力，股权激励模式可采取期股、业绩股票、员工持股和延期支付等，选择性相对小些。

公司成长性就是企业持续发展的能力，能够反映企业未来的经营效益与发展前景。如果激励对象对企业的未来丝毫不看好，股权激励也难以发挥作用。

如果企业成长性较好，即使暂时还未盈利，也能做股权激励。如人工智能、芯片、工业机器人、生物医药、新能源、新零售等行业内的企业，都属于成长性好的企业。

不同类型公司各个发展阶段适合选用的股权激励模式

发展阶段	适合选用的股权激励模式	
	非上市公司	上市公司
初创期	限制性股票（权） 业绩股票（权）	初创期企业一般没有上市

续表

发展阶段	适合选用的股权激励模式	
	非上市公司	上市公司
成长期	限制性股票（权） 业绩股票（权） 期股	限制性股票 业绩股票 期股 股票期权 股票增值权
成熟期	限制性股票（权） 业绩股票（权） 期股	限制性股票 虚拟股票 期股 股票期权 股票增值权 延期支付
衰退期	限制性股票（权） 业绩股票（权）	限制性股票 业绩股票 股票期权 延期支付 管理层收购

总之，企业在不同类型和不同发展阶段，所采用的股权激励模式是不一样的，要适应不同的公司类型和发展阶段，才能取得更好的效果。

三、不同阶段、不同团队如何做股权激励？

企业不同的发展阶段，需要解决的问题不同，股权激励策略也不一样。初创期、发展期、扩张期、成熟期和上市期阶段股权激励特点如下表。

不同发展阶段股权激励的特点、需求与模式

阶　段	特　点	需　求	激励模式
创业期	个人英雄 一人多能	创业期对核心高管如何激励	在职分红 实股

续表

阶　段	特　点	需　求	激励模式
发展期	组织分工 部门职能化	发展期对不同部门如何激励	超额利润 在职分红
扩张期	多业务发展 分子公司成立	扩张期对业务团队如何激励	股份期权 实股
成熟期	业务重组 资产优化	成熟期如何进行股权重组	股权置换
上市期	提高市值	对利益相关者如何进行股权激励	股份期权 实股

不同团队进行股权激励时，如果采用超额业绩奖励分配制度，产量或销售额提升空间大，可采用"多劳多得"的分配制度。产量或销售额很难提升，生产和运营成本有降低空间，则采用"多省多得"的分配制度。

针对经营者和高级管理人员，选择限制性股份结合分红权的方式。对高管的股权激励，降低委托代理成本，提高高管归属感与忠诚度，让他站到企业家的角度去思考与决策，与企业家同频共振，解放企业家。

在来自高层噪声的干扰下，整个企业运营中决策的上传下达与执行推进，将无从谈起。

针对高管的股权激励方案，必备要素（包括人、量、价、行权条件与锁定、退出等）一定要齐全、完整，相关的转让程序与签署文件也要规范，并做好档案管理工作。对于已经实现财富自由的员工，股权激励的吸引力没那么大，效果也会下降。

因此，针对高管的股权激励，一定要注意选择适当的对象，根据对象的不同，分别选择不同的激励模式，或是采取不同激励模式的组合、这样才能达到留人与激励的目的。

盲目"大方"的激励方式，同样会让高管失去健康的事业心态。过于苛刻，会让高管有打工者的心态，无法将企业利益与自己的核心追求相关联。

无论采用何种股权激励模式，都应着眼于对高管团队思想认识的提升上。在对高管进行股权激励之前，企业家必须对每个人在能力、业绩尤其是价值观的取向上，加以分别评估，进而明确股权激励方案是否可以充分发挥作用。

1.针对管理员工和技术骨干等核心员工，选择"限制性股份"结合分红权。

2.针对销售部门负责人和业务骨干，要让股权成为销售核心员工收入中的重要组成部分，使得股权收益能够在其长期总收入中占有较大比例，促使销售员工能够在关心个人短期利益的同时，也会兼顾企业整体和长远的利益。

采用超额业绩奖励，销售团队和整个企业就会形成共同奋斗目标，这对于整个团队有着很大的推动力。如果核心业务员工对公司股权有需求，也可以采取限制性股权或者期权的方式进行激励。如果员工手头资金不足，可以约定，以员工的超额业绩奖励获得的资金作为入股资金。

在设计和实施股权激励方案时，既要保证科学合理地分配，更要推动高管思想认识的升华。

【做小结】

公司做股权激励到底采取哪种激励模式，首先要了解激励对象的具体情况，激励的目标是什么，要设计动态化和个性化的股权激励方案，要分清中小型企业和上市公司、国有企业和民营企业的不同，针对性地设计股权激励方案。所以说，当我们在股权咨询实际工作中，有人常问，老师你觉得哪种股权激励最有效，我都会说没有最好的方式，只有最适合你的企业当前阶段的模式，它会随着时间不同和阶段不同，常常做动态调整。

第二节　激励平台

【小案例】

深圳南山科技园一家做数据安全的公司，随着业务的增长，引进了不少行业内的精英，技术、营销和服务有十几个人。老板洪总征求我们的意见，我帮他们设立了有限合伙持股平台，把这十几个精英的股权全部放在这个持股平台，让他们以优惠价格购买公司的股权。后面有投资公司增资扩股进来，在第二批股权激励的时候，这十几个精英的股权收益翻了好几倍，他们的干劲更足了，公司向上市之路大步迈进。

【全拆解】

股权激励要和公司的顶层设计结合起来，是"大道"，包含商业设计（商业模式、战略规划、决策推演）、治理设计（股权架构、治理结构、公司设定）、组织规划（结构设计、组织成长、人才发展）、产融规划（供应链条、业务蓝图、资本路径）等核心内容，首先我们要想好采用哪类股权激励的平台。

一、如何选择股权激励平台？

股权激励要上升到企业战略高度，如果股权激励顶层设计科学合理，那么企业则会以一种运筹帷幄的态势，在激烈的竞争中立于不败之地。做股权激励必须建立在"股权"本身有价值上，而股权的价值只有跟企业发展的顶层设计相结合才能彰显。股权激励强调价值观统一，是通过商业设计、治理设计、组织规划、产融规划等顶层设计，统一团队思想，明确股权价值，构建股权激励的核心基础。股权激励要进行产权机制和分配机制的创新，主要是"人"的因素的合理分配和使用，为企业的持续发展和永续经营打下坚实的基础。

企业要采取哪类股权激励平台，与公司类型有关，具体可以看下面的表格。

股权激励持股平台与公司类型的对应关系

持股平台		上市公司	非上市公众公司	其他类型公司
有限合伙企业		适用	出现《定向发行（二）》约定的情形时不宜采用	适用
公司制企业		适用		适用
私募股权基金	公司制	适用	适用	适用
	有限合伙	适用	适用	适用
	契约型	适用	不建议采用	不建议采用
资产管理计划		适用	不建议采用	不建议采用
信托计划		适用	不建议采用	不建议采用

成立不同持股平台，是有不同的法律依据，各个平台对人数、税收和日常管理，要求也是不一样的，具体见下表。

不同持股平台的特点

持股平台	比较内容			
	法律依据	人数限制	税收情况	日常管理
有限合伙企业	《中华人民共和国合伙企业法》	2~50人	个人所得税	执行事务合伙人

续表

持股平台		比较内容			
		法律依据	人数限制	税收情况	日常管理
公司制企业	有限公司	《中华人民共和国公司法》	1~50人	企业所得税、个人所得税	董事会或执行董事
	股份公司	《中华人民共和国公司法》	2~200人		董事会
私募股权基金	公司制	《中华人民共和国证券股权投资基金法》及私募基金登记备案的相关规定	《公司法》	1~50人或2~200人	企业所得税、个人所得税	私募基金管理机构
	有限合伙		《合伙企业法》	2~50人	个人所得税	
	契约型		——		——	
资产管理计划		《证券公司客户资产管理业务管理办法》等	原则上没有上限		资产管理计划管理机构
信托计划		《中华人民共和国信托法》等			信托计划管理机构

从上表可以看出成立有限合伙企业平台，不用双重纳税，那么如何成立有限合伙平台？

二、影响股权激励落地的因素

理想的股权激励方案，肯定兼顾短期激励与长期激励，影响股权激励方案落地的因素，主要有以下三个方面。

企业股权性质 01　　行业特性 02　　企业的发展阶段 03

1. 企业股权性质

国有企业要避免国有资产流失的问题，采用业绩股票、延期支付、股票增值权、员工持股计划等激励模式。

对于上市的民营企业，可以采取股票期权和限制性股票两种主要的股票激励模式。

而那些绝大多数没有上市的民营企业，建议结合分红股激励和期股期权激励进行。

2. 行业特性

判断因素：企业业绩对人力资本依附性是否较高，企业的成长性如何。

如果企业对人力资本依附性较强，人均创造财富较多，激励对象包括管理层和核心业务技术骨干员工，要突出人力资本的价值。

3. 企业的发展阶段

成长期，采用超额利润分红、虚拟股份、在职分红股。

成熟期，采用股票增值权、期权、期股。

股权激励时要掌握宏观及行业趋势，选择合适的股权激励时机。适应市场环境的改变，抵御竞争对手冲击，才能保证股权激励的顺利推行，业绩才会不断增长。

公司的业绩指标与股权激励计划的行权标准密切相关。

有效的激励计划，除了使用传统的财务指标，还应包含非财务指标，也可适当引用目前较为常用的平衡计分卡评价体系，全面考察员工素质。

对于高管人员，主要考虑公司绩效，具体指标可定为每股收益、净利润等；对于中层管理人员，可采用部门绩效，比如以部门销售收入为考核指标；技术人员的职责是新产品或技术的研发，可尝试引入专利数量等指标。

总之股权激励，要把握大势，踩准节拍；行权标准，不偏不倚；考核指标，系统全面。

股权激励并不是单独的一个体系，必须结合公司人力资源体系，还要结合薪酬、激励、员工职业发展、职位管理等体系，发挥价值。与股权激励有关的人力资源管理工作，主要包括下面几点：

01 人才发展系统　　02 薪酬体系优化　　03 绩效考核系统

1. 人才发展系统。通过有计划地设计搭建人才梯队，并对人才的发展给出方向、路径，提供必要的技术和资源的支持，提供学习成长的机会，以达到对人才的培育与牵引提升的目的。包括人才学习与发展、职业规划、继任者管理等。

2. 薪酬体系优化。要短期与长期相结合，采用股权激励、现金激励、精神激励、学习激励、竞争激励、危机激励等方式，使其相互弥补、相互作用。

3. 绩效考核系统。建立岗位职责体系、绩效考核系统等，对激励对象的工作起到考核、监督与约束作用，从而通过绩效考核实现对激励对象可行权股份进行动态调整，为股权的分配提供量化的依据。

中小企业员工持股计划的核心要素

核心要素	主要内容
参加对象（定对象）	员工持股计划的参加对象为公司所有签订劳动合同的员工，包括管理层人员

续表

核心要素	主要内容
资金来源 （定来源）	员工持股计划可以通过以下方式解决所需资金： （1）员工的合法薪酬； （2）法律、行政法规允许的其他方式
股票来源 （定来源）	员工持股计划可以通过以下方式解决股票来源： （1）原股东转让； （2）公司增发； （3）股东自愿赠与； （4）法律、行政法规允许的其他方式
持股期限 （定期限）	中小企业根据自己的企业发展阶段，自行设置具体的持股期限，法律法规并没有相应的约束
持股模式 （定模式）	原则上建议采用公司制或者有限合伙企业的模式持股，不建议采用信托计划、资管计划以及契约型基金等方式持股，但是股东人数特别多的情况另行考虑
计划规模 （定规模）	原则上没有限制，由中小企业根据自己的股权结构，在充分考虑未来发展所需资金、保障公司控制权的前提下合理设置

通过以上"六定"，企业的员工持股计划基本上能够确定方向与策略，下面就是具体执行中的关键节点了。

三、不同类型公司股权激励的关键节点有哪些？

企业进行股权激励，整体有这么几个重要的时间节点，包括有效期、授予日、禁售期、等待期、行权日等，用下面这张表格来统计。

各个时间节点与公司类型的对应关系

时间节点	上市公司	国有控股上市公司	非上市公众公司
有效期	不得超过10年	一般不得超过10年	不得超过10年

续表

时间节点	上市公司	国有控股上市公司	非上市公众公司
授予日或授权日	具体日期一般由董事会确定，相关工作一般要在60日内完成；未在60日内完成上述工作的，应当及时披露未完成的原因，并宣告终止实施股权激励		股权激励计划经股东大会审议通过后，挂牌公司应当在60日内授予权益并完成公告、登记；有获授权益条件的，应当在条件成就后60日内授出权益并完成公告、登记。挂牌公司未能在60日内完成上述工作的，应当及时披露未完成的原因，并宣告终止实施股权激励，自公告之日起3个月内不得再次审议股权激励计划
限售期或禁售期	①限制性股票授予日与首次解除限售日的间隔不得少于12个月，即首期限售期最少为12个月。②在限制性股票有效期内，上市公司司应当规定分期解除限售，每期时限不得少于12个月		应当在股权激励计划中载明下列事项：股权激励计划的有效期。限制性股票的授予日、限售期和解除限售安排，股票期权的授权日、可行权日、行权有效期和行权安排
	无解锁期的限制	每期授予的限制性股票，其禁售期不得少于2年。禁售期满，锁期不得少于3年	
等待期或行权限制日	①股票期权授权日与获授股票期权首次可行权日的间隔不得少于12个月，即等待期至少12个月。②在股票期权有效期内，上市公司应当规定激励对象分期行权，每期时限不得少于12个月，后一行权期的起算日不得早于前一行权期的届满日		应当在股权激励计划中载明下列事项：股权激励计划的有效期。限制性股票的授予日、限售期和解除限售安排，股票期权的授权日、可行权日、行权有效期和行权安排
	——	行权限制期原则上不得少于2年	
可行权日	股票期权的授权日与获授股票期权首次可行权日的间隔不得少于12个月		挂牌公司应当规定分期行使权益，激励对象获授权益与首次行使权益的间隔不少于12个月，每期限不得少于12个月，各期行使权益的比例不得超过激励对象获授总额的50%

续表

时间节点	上市公司	国有控股上市公司	非上市公众公司
行权有效期	—	由于上市公司根据实际确定，但不得低于3年	—

如果初创企业实施股票期权激励，相当于给员工一个成为股东的机会，员工成为激励对象后即可享受到股权的分红，能够留下核心人才。

股票期权解锁有期限：解锁有了3~4年的锁定期，与公司的战略目标完成时间相同即可。如果员工在此期间离职只能少拿股权。例如，锁定期是5年，如果员工在第二年离职，那么他只能拿到2/5的股权，甚至更少。但有效期太长会使员工望而却步，太短又太容易实现，无法对员工产生激励作用。

考核期一般设一年比较合适。禁售期一般也是3-5年，要经过一段时间才可以买卖权益。

股票期权应该签有协议：比如离职员工在90天内需要行使期权，因为公司在上市前，这些普通股是不流通的，如果不行权那就是相当于放弃股权。即使是行权价很低，也必须行使。如果是大量的股权，员工则需要付出一定的资金才能够拿到股权。

股票期权还要有约束作用，比如一个重要员工离职后，会对公司造成一定的损失，而作为股东的员工也需要承担一定的责任。例如，赔偿违约金或者企业低价回购股权。

四、股权激励考核有哪些方法？

股权激励有了模式和资金来源，那按什么标准来进行考核呢？科学分股必须围绕企业战略目标来进行考核，常见方法有四种。

BSC法是从财务、客户、内部运营、学习与成长四个角度出发，对激励对象进行考核。

KPI 是通过对组织内部流程的输入端、输出端的关键参数设置、取样、计算、分析，衡量流程绩效的一种目标式量化管理指标。

OKR 是一套明确的跟踪目标及其完成情况的管理工具和方法。OKR 的主要作用是明确公司和团队的"目标"以及明确每个目标达成的可衡量的"关键结果"。

KS 是以关键因素为依据来确定系统信息需求的总体规划方法。在现行系统中，总存在着多个变量影响系统目标的实现，其中若干个因素是关键的和主要的（即成功变量）。

这四种考核方法它们的优缺点和运用，如下表所示。

股权激励主要考核方法

方法	BSC	KPI	OKR	KSF
主要优点	①强调四个维度的动态平衡 ②目标之间的相互关联	①奉行"二八法则"，聚焦关键目标和指标 ②与战略和预算形成闭环系统	①将目标层层分解，并形成执行计划 ②对重要过程进行管控和评估，以确保关键成果的达成	①开启员工原动力，激发员工创造力 ②薪酬与绩效融合，充分挖掘员工潜能 ③让管理层参与经营，实现利益驱动
主要缺点	不能独立使用，必须与KPI、KSF组合应用	重考核重激励，做减法多压力，因此落地难，员工容易抵触	焦点在过程和关键动作，但缺少考核激励，员工动力系统可能不足	数据相对清晰，老板的格局，管理层的心态
主要运用	主要运用于管理岗位	适用于以目标为导向的岗位，在强势的企业中比较有价值	应用于IT、风险投资、游戏、创意等以项目为主要经营单位的大小企业	适用于管理岗位，大中小企业都适用

【做小结】

  如果要做股权激励，首先要了解影响股权激励的一些因素，比如股权性质、行业特性和企业发展阶段。可以从定对象、定资金来源、定股票来源、定期限、定模式、定模式这"六定"着手推进。还要确保股权激励的有效期、授予日、禁售期、等待期、行权日几个重要节点，当然对于股权激励也要做好具体的考核。

第三节　激励误区

【小案例】

从事充电桩项目的蒋总近年来获得了国家电网、中国南方电网的订单，公司发展势头良好，正准备大干一场，但是由于拓展业务的商务费用成本较高，回款周期长，现金流暂时紧张，但蒋总不想让手下的员工知道实情。于是说公司现在发展非常好，有投资公司准备投资，开始股权激励计划，但是需要大家出资来购买股权，总共是300万，员工们都议论纷纷，觉得是不是公司缺钱发工资了，所以才推行这样的计划，可以想象的是，这样的计划最终的效果肯定不理想。

【全拆解】

不少企业家在做股权激励的时候，总对激励的目标理解有偏差，常常把它作为万能药，公司发展不行、销售不畅、人心涣散，以为只要一做股权激励就会万事大吉，其实这都是陷入了股权激励的误区。

一、股权激励常见有哪些误区和对策？

为什么我们企业在推行股权激励政策时，往往愿望很美好，但结果都不是很理想，甚至有的还起到反作用，原因是激励目的都没有弄明白，存在不少误区，那我们采取什么对策来应对呢？

① 把激励当福利　② 以激励之名募资　③ 把激励代替制度　④ 以为激励能解决一切问题　⑤ 只谈物质刺激

1. 把股权激励当作为员工谋福利的手段

比如有的让几十个员工一起入股，提倡利益均沾，而个别员工却只图眼前利益，不愿与公司一起长期发展。股权激励是为了长期吸引和激励优秀人才。如果想给员工福利的话，可以通过工资、奖金等现金形式，当然也不能把股权激励当成对员工的施舍。

处理对策：在执行股权激励计划之前召开培训会，详细阐述股权激励各个方面的知识，让激励对象对股权激励有比较全面的认识。股权激励是对努力为企业创造价值员工的一种回馈。使员工可参与企业决策、分享企业利润，以主人翁精神来工作，成为与企业共担风险的统一体。

2. 以股权激励的名义来筹集资金

这样会给企业带来严重的信任危机，也会使员工对企业失去信任。

处理对策：公司出现困难是暂时的，一定要跟员工说清楚，否则就会搬起石头砸自己的脚。

3. 用股权激励代替公司管理制度

有些企业家以为做了股权激励，大家都是自家人，不用什么管理制度了，加班加点都是正常的。事实上，公司治理结构、管理制度、绩效考核制度还是需要的。

处理对策：股权激励要与公司管理、绩效考核、人力资源等制度配合执行。

4. 股权激励一试就灵，用它能解决企业的所有问题

除了股权激励外，还有行业大环境、国家政策、市场变化以及企业的商业模式等影响因素，不应认为股权激励无所不能，甚至利用它来给员工"摊大饼"。

处理对策：要说明股权激励的"门槛"，只有符合要求的员工才能够参与股权激励计划。

5.只谈股权激励物质刺激的一面

很多企业家忽视了公司企业文化的一面。我们反复说过，股权合伙制，共创是前提，共担是过程，共享才是最终的结果。

处理对策：加强企业文化建设，确定共同价值观，让员工按照企业的愿景去实现。

二、定股权激励对象时有哪些误区？

你的公司准备做股权激励时，首先要确定股权激励的对象，很多企业家把股权激励的对象没弄清楚，陷入了一些误区。

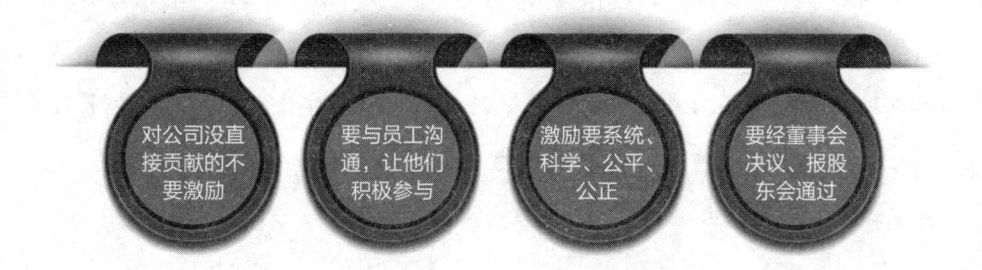

- 对公司没直接贡献的不要激励
- 要与员工沟通，让他们积极参与
- 激励要系统、科学、公平、公正
- 要经董事会决议、报股东会通过

1.对公司没有直接贡献的员工不用激励。并不是每个员工都会因为拿了

股权就更认真地工作。我们说对产品研发、销售或客服负责人股权激励是有意义的。有些想"搭便车"的员工并不适合做股权激励，给他们奖金效果可能会更好些。

2.要做好与员工的沟通工作，让员工积极参与股权激励。如果员工对股权激励不感兴趣，就很难实现股权激励的目的。要打消员工的疑虑，让员工对企业充满信心，对老板充满信任。你要向员工宣讲利润核算规则，公布阶段利润核算数据，定期公布行业平均利润率，让员工相信公司利润的真实性。

3.要注意避免出现激励几个人却抑制一群人的现象。股权激励方案要做到系统、科学、公平、公正，对岗位及员工的历史贡献评估应当合理，要做到激励与考核、约束并行，完善激励、晋升、考核制度，让每位员工都看到希望。

4.股权激励要由董事会决议表决通过，有的还要报股东会批准并相应修改《公司章程》。上市公司还要求监事会对激励对象的情况进行核查，发表核查意见。

【做小结】

很多企业家对股权激励其实是存在很多误区的，比如把它当作是对全体员工的福利，当公司出现困难时是募资的一种工具，把股权激励代替薪酬体系或绩效考核等制度，认为它只是物质刺激，能够解决一切问题。其实股权激励是将员工未来的贡献与他的收益挂钩，在做之前一定要跟员工充分沟通，不是所有对象都适合做激励，即使实施也要做到科学、公平、公正。

参考文献

[1]杨军.企业融资：投资人没告诉你的那些事[M].北京：中华工商联合出版社，2021.

[2]杨军，郑和华.股权合伙控制终极解答[M].北京：中国铁道出版社，2023.

[3]杨军，韩琳.股权72变：从动态股思维到IPO上市[M].北京：中国铁道出版社，2023.

[4]李善星，武元政，周敬芳.股权激励密码[M].北京：清华大学出版社，2022.

[5]耿小武.科学分股：持续盈利[M].北京：中国广播影视出版社，2021.

[6]蔡聪.创业公司的动态股权分配机制（第2版）[M].北京：机械工业出版社，2022.

[7]苏文卿，白定球，李青松.公司股权纠纷解决之道[M].北京：法律出版公司，2021.

[8]何青阳.合伙人动态股权设计：七步打好创业公司股权地基[M].广州：广东经济出版社，2022.

[9]曹海涛.合伙创业：合作机制+股份分配+风险规避[M].北京：清华大学出版社，2018.

[10]刘育良，易倩.分股控权：股权分配后如何保持公司控制权[M].北京：中国商业出版社，2022.

［11］金博，罗周敏. 股权合伙人［M］. 北京：中华工商联合出版社，2022.

［12］史林东，王天才. 融资战略：股权设计＋并购策略＋上市管理［M］. 北京：中国财富出版社，2022.

［13］常亮，王一萍. 动态股权：创业合伙人权益分配的新策略［M］. 北京：人民邮电出版社，2021.

［14］孙格，重构新合伙人机制［M］. 北京：中国铁道出版社，2022.

［15］陈雪涛，栗霄霄. 企业融资：股权融资×债权融资×IPO上市×并购融资［M］. 北京：中国经济出版社，2022.

［16］张影. 股权博弈：股权争夺中的博弈策略思维［M］. 北京：中国商业出版社，2021.

［17］段文琦. 股权战略：企业高效融资管理全案［M］. 北京：中国商业出版社，2022.

后 记

随着这本书的出版，也是我继《企业融资：投资人没告诉你的那些事》在中华工商联合出版社出版的第二本书，感谢博瑞森（识干家）总经理张本心大力支持。

随着我国资本市场全面注册制的实施，预计从2023年开始的十年，国际大环境会继续发生深刻变化，经济压力与创业环境更加艰巨，但同时也是充满机遇的新十年。创业的每个企业家面对风云变幻的资本市场，这是一场考验体力、智商与情商的巨大博弈场，你打出的股权牌和对手的出牌都神秘莫测，稍不留意，可能会满盘皆输。

踏上创业这条路，你就等于坐在以股权为主的牌场上，桌上只有这副牌，起牌、洗牌和打牌都有一个目的，就是和牌，如何打好这副牌，是每个创业者必修的课程。杨军、韩琳都具有创业融资、股权设计、企业顾问的丰厚经历，针对股权这一大主题下，设计了股权这副牌的玩法，期待能给所有读者一些贴近实战的体悟与应用，欢迎大家在读后加入我们的读者群，持续分享心得，也欢迎大家针对自己的创业项目，给我们提出更好的改进意见，以便在下一本股权书中得以完美呈现。

感谢所有参考文献作者的心血，感谢所有投资人前辈和企业家撰写的推荐词，感谢郑长春先生！感谢全国各地读友们一如既往对我们的支持与厚爱！

作者于粤港澳大湾区